세네카의 행복론

행 복 의
비 밀 을
알 려 주 는
위 대 한
고   전

세네카의 행복론

루키우스 안나이우스 세네카 지음 | 정영훈 엮음 | 정윤희 옮김

메이트북스

메이트북스 우리는 책이 독자를 위한 것임을 잊지 않는다.
우리는 독자의 꿈을 사랑하고,
그 꿈이 실현될 수 있는 도구를 세상에 내놓는다.

세네카의 행복론

초판 1쇄 발행 2019년 5월 8일 | 초판 3쇄 발행 2023년 6월 3일
지은이 루키우스 안나이우스 세네카 | 엮은이 정영훈 | 옮긴이 정윤희
펴낸곳 ㈜원앤원콘텐츠그룹 | 펴낸이 강현규·정영훈
책임편집 안정연 | 편집 박은지·남수정 | 디자인 최선희
마케팅 김형진·이선미·정채훈 | 경영지원 최향숙
등록번호 제301-2006-001호 | 등록일자 2013년 5월 24일
주소 04607 서울시 중구 다산로 139 랜더스빌딩 5층 | 전화 (02)2234-7117
팩스 (02)2234-1086 | 홈페이지 matebooks.co.kr | 이메일 khg0109@hanmail.net
값 12,000원 | ISBN 979-11-6002-233-9 03100

이 도서의 국립중앙도서관 출판시도서목록(CIP)은 e-CIP홈페이지(http://www.nl.go.kr/ecip)에서
이용하실 수 있습니다.(CIP제어번호: CIP2019015898)

가난하다는 것은
가진 게 별로 없는 게 아니라
더 많은 것을 바라는 것이다.

• 루키우스 안나이우스 세네카 •

행복한 삶이란
무엇인가?

고대 스토아 철학파의 대가로 불리는 루키우스 안나이우스 세네카는 이 책을 통해서 우리에게 많은 가르침을 남겼다. 세네카는 스토아학파의 철학자답게 미덕을 추구하며 자연의 섭리에 맞추어 살다 보면 진정한 행복을 얻을 수 있다고 주장한다. 참혹하고 온갖 음모와 투쟁이 난무했던 로마 시대를 살아온 세네카는 철학에 얽매이기보다 자연과 윤리 그리고 마음의 평정에 집중했던 철학가였다.

우리는 행복한 삶을 영위하기 위해서 오늘도 고군분투하고 있다. 가끔은 내가 가진 행복이 남들보다 작은 것 같아서 속상

할 때도 있고, 급작스럽게 찾아온 고난을 이기지 못하고 좌절하기도 한다. 그럴 때마다 이 책에 소개된 세네카의 조언을 마음 깊이 새겨두면 어떨까? 언제 어디서든 그동안 누렸던 건강과 안락함을 감사히 여기고 지금 닥친 고난을 이겨낸 후에 언젠가 다시 행복해질 수 있다는 믿음으로 살아간다면, 당장 모든 것을 포기하고 싶다가도 다시 한 번 일어설 수 있을 것이다.

이 책을 읽으면서 지금 나에게 닥친 여러 가지 고민들을 딛고 일어서야 한다는 용기와 깨달음을 얻었다. 이 모든 것들이 자연이 준 소중한 선물이고, 언젠가 내 앞에 죽음이 닥치면 순순히 내놓고 떠나야 한다는 점을 알게 되었다.

또한 아무리 힘든 일이라고 해도 영원히 나를 괴롭힐 수는 없으며, 시간이 지나가면 모두 해결되고 다시 행복이 찾아온다고 생각하며 한껏 지쳐 있던 심신을 가다듬어야겠다는 다짐을 하게 되었다. 여러분도 세네카의 진심 어린 충고와 논리적인 고찰을 통해서 행복한 삶을 영위할 수 있는 계기를 얻으시기를 바란다.

　마지막으로 편역서의 특성상 현대 독자들을 위해 시대적·역사적·문화적으로 지나치게 거리가 먼 부분은 일부 삭제하고, 가장 필요한 알맹이만 골라서 소개하게 되었음을 알려드리는 바다.

정영훈

이 모든 것들이 자연이 준 소중한 선물이고, 언젠가 내 앞에
죽음이 닥치면 순순히 내놓고 떠나야 한다는 점을 알게 되었다.

엮은이의 말 _ 행복한 삶이란 무엇인가?　6

 1장 　무작정 남이 하는 대로
　　　　　따라 살지 말라

1 __ 원하는 목표가 무엇인지 정확히 알아야 한다　19
2 __ 인생 여정은 여타의 여행과는 다르다　20
3 __ 그저 많은 사람들이 가는 길로 향하지 않아야 한다　21
4 __ 군중과 멀찌감치 떨어져 건강한 삶을 회복하자　23
5 __ 무엇이 최선인지 꼼꼼히 따져 물어야 한다　24
6 __ 영혼의 눈으로 진실을 찾을 수 있어야 한다　26
7 __ 눈에 보이지는 않지만 느낄 수 있는 진정한 선　28
8 __ 인생의 길은 결코 멀리 있지 않다　29
9 __ 자연의 본성과 조화를 이루어야 한다　31
10 __ 최고의 선이란 무엇인가?　32
11 __ 명예로운 것을 유일한 선으로 여겨야 한다　34
12 __ 소소하고 일시적인 쾌락과 고통이 사라져야 한다　35
13 __ 쾌락을 정복하면 고통도 정복된다　36
14 __ 진정한 선으로 인해 생겨나는 부드러움과 쾌활함　37
15 __ 욕망과 두려움에서 자유로워야 한다　38
16 __ 운명의 여신이 위협해도 흔들리지 않는다　39

쾌락은 나약하고
쉽게 쓰러진다

17 ─ 쾌락의 유혹에 휩쓸리지 않아야 한다 43

18 ─ 미래에 다가올 쾌락에 정신이 팔리지 않는다 44

19 ─ 이성적으로 판단하고 행동할 수 있어야 한다 45

20 ─ 쾌락과 미덕은 완전히 다른 것이다 47

21 ─ 미덕은 절대로 쾌락을 필요로 하지 않는다 48

22 ─ 미덕과 쾌락을 하나로 합치려 하지 말라 49

23 ─ 쉽게 소멸하는 쾌락에는 본질이 존재할 수 없다 50

24 ─ 쾌락은 가치 있는 삶의 안내자가 아니다 51

25 ─ 쾌락과 욕구의 노예가 되지 않아야 한다 52

26 ─ 최고의 선을 이루면 쾌락의 위협이 사라진다 54

27 ─ 미덕이 가져오는 쾌락은 그저 덤일 뿐이다 56

28 ─ 미덕은 오직 그 자체를 바란다 58

29 ─ 쾌락에 온통 정신을 빼앗긴 채로 사는 바보들 60

30 ─ 쾌락을 위해서라면 아무것도 하지 않는다 62

31 ─ 한낱 쾌락의 뒤를 따르면서 미덕을 논하지 말라 64

32 ─ 쾌락과 미덕이 불러오는 완전히 다른 결과들 66

3장 쾌락이 아닌 미덕을
맨 앞자리에 두자

33 — 쾌락과 미덕을 애써 결합시키려 하지 말라 71

34 — 쾌락을 찬양하는 것이 위험한 까닭 72

35 — 쾌락을 충족시키기에 자연은 턱없이 부족하다 75

36 — 그동안 자신이 살아온 세월을 쾌락이라고 믿는 사람들 76

37 — 쾌락을 추구하는 사람들의 공통된 특징 78

38 — 미덕이 모두를 이끌 수 있도록 하라 79

39 — 미덕이 맨 앞자리에서 기준점을 잡도록 하라 80

40 — 쾌락을 섬기는 노예로 전락하지 말라 82

41 — 쾌락을 위해 자신을 팔아넘기는 사람들 83

42 — 미덕과 쾌락이 합쳐져 최고의 선이 될 수는 없다 84

43 — 소소한 쾌락에 흔들려서는 미덕은 있을 수 없다 85

44 — 미덕의 계단을 올라서야만 최고의 선이 가능하다 87

45 — 인생의 장애에 부딪쳤을 때 지나치게 흥분하는 사람들 89

46 — 가혹한 운명 앞에서도 결코 당황하지 말라 90

47 — 진정한 행복은 미덕 안에 존재한다 91

48 — 미덕 하나면 행복한 삶을 사는 데 충분하다 93

4장 완벽하지 않기에 나의 악덕을 곱씹다

49 ― 왜 실제 삶이 아닌 말로만 미덕을 외칩니까?   97

50 ― 하루의 잘못된 행동 속에서 악함을 곱씹어본다   99

51 ― 제일 먼저 나의 악덕을 곱씹어보려고 한다   101

52 ― 악의로 가득한 잣대를 들이대면 안 된다   103

53 ― 나는 운명이 정해준 길을 향해서 떠난다   105

54 ― 현인들을 비난하는 사악한 자들의 악행   106

55 ― 철학의 추구만으로도 칭찬받아 마땅하다   108

56 ― 비록 넘어지더라도 위대한 것을 추구하는 자들   110

57 ― 내가 가진 것이 모든 이들의 것이라고 생각하다   111

58 ― 세상의 이목이 아닌 양심에 따라 행동한다   112

59 ― 선한 양심과 고귀한 염원을 진정 사랑하다   114

60 ― 거사를 이루려고 했으나 아쉽게 추락하다   115

61 ― 선한 자들에게 상처를 남기려는 이들의 말로   117

5장 부의 노예가 아닌 주인이 되자

62 ─ 부를 완전히 등한시하라는 뜻은 아니다 121

63 ─ 굳이 재산을 거부하지 않고 미덕을 실행하다 124

64 ─ 현인이 부유하다면 더 많은 기회가 생긴다 125

65 ─ 부는 가장 중요한 가치를 가진 것들 중 하나다 126

66 ─ 부가 가장 중요한 자리를 차지해서는 안 된다 128

67 ─ 지혜로움은 가난과 직결되는 게 아니다 130

68 ─ 행운의 여신이 베푸는 친절을 거부하지 말자 131

69 ─ 불명예스러운 부는 한 푼도 탐하지 않는다 132

70 ─ 그저 내키는 대로 부를 베풀어서는 안 된다 134

71 ─ 선행을 베풀 때 낭비하지 않아야 한다 135

72 ─ 자연은 모든 사람들에게 베풀라고 말한다 136

73 ─ 부유함이 선은 아니지만 유용한 것임에는 분명하다 137

74 ─ 왜 부를 선으로 규정지을 수 없는가? 138

75 ─ 맨발로 다니기보다는 제대로 옷을 갖춘다 140

76 ─ 고통을 억누르며 살기보다는 적당한 선에서 즐긴다 141

77 ─ 기왕이면 더 만족스럽고 즐거운 것이면 좋겠다 142

78 ─ 현인은 돈의 주인이 되지만 바보는 돈의 노예가 된다 144

79 ─ 내가 가진 재물에 넋이 나가면 안 된다 146

80 ─ 현인도 부를 빼앗길 수 있지만 진정한 재산은 그대로다 147

6장 타인의 악함을
평가할 여유가 없다

81 __ 최선을 다해서 나를 고양시켜나갈 뿐이다   151

82 __ 남의 포로가 되기보다는 승리자가 되고 싶다   152

83 __ 나는 다른 사람의 의견에 영향을 받지 않는다   153

84 __ 선을 찬양하는 게 힘들다면 차라리 입을 다물라   155

85 __ 그들이 나를 공격해 내 명성이 더욱 빛나다   156

86 __ 타인의 악함을 평가할 시간적 여유가 있는가?   157

87 __ 왜 자신의 악덕은 살피지 못하는가?   159

88 __ 남의 악덕에 관심을 가지면 당신의 영혼이 위험하다   160

Lucius Annaeus Seneca

1장

무작정
남이 하는 대로
따라 살지
말라

1

원하는 목표가 무엇인지
정확히 알아야 한다

모두가 행복하게 살기를 원하지만 정작 무엇이 삶을 행복하게 만드는지는 알지 못한다. 그저 빛을 찾아 더듬거리며 나아갈 뿐이다. 행복한 삶을 성취하기 힘든 이유는 바로 이 때문이다. 행복을 찾기 위한 의지가 강할수록 오히려 잘못된 길로 들어서기 쉽다. 일단 반대쪽 길로 들어서면 목표에서 점점 멀어지게 마련이다.

우리는 먼저 원하는 목표가 무엇인지 정확히 알아야 한다. 그다음에는 목표를 향해 최대한 빨리 갈 수 있는 길을 찾아야 한다. 일단 올바른 길에 들어선다면 하루하루 어느 정도 왔는지 가늠할 수 있으며, 자연스러운 욕구를 따라서 그 목표까지 얼마나 가까워졌는지 알 수 있을 것이다.

2

인생 여정은
여타의 여행과는 다르다

정처 없이 떠돌며 길잡이의 안내도 없이 사방천지에서 들리는 외침에 따라서 걷는다면 온갖 실수 속에서 평생을 살아가야 할 것이다. 아무리 건전한 마음을 가지기 위해서 밤낮 없이 노력한다고 해도 그런 인생은 짧을 수밖에 없다. 그렇기 때문에 어떤 목표를 향해서 나아갈지, 어떤 길로 갈지, 경험이 많은 길잡이의 도움을 받아서 명확히 결정해야 한다. 인생 여정은 여타의 여행과는 많은 부분에서 다르기 때문이다.

보통 여행이라고 하면 그저 잘 알려진 길로 가서 주변 사람들에게 물어물어 찾아가면 될 일이다. 하지만 행복으로 가는 길은 가장 많은 사람들이 지나갔고 널리 알려져 있는 길이 오히려 속임수인 경우가 빈번하다.

3

그저 많은 사람들이
가는 길로 향하지 않아야 한다

　가장 중요한 것은 우리가 가야 할 길로 가지 않고 목동을 따르는 양떼처럼 그저 많은 사람들이 가는 길로 향하지 않는 것이다. 사람들 사이에 떠드는 루머만 믿고 다들 좋아한다고 해서 맹목적으로 이를 향해 가는 것만큼 우리를 커다란 불행으로 이끄는 일은 없다.

　이성을 따르지 않고 남들처럼 그들에게 맞춰진 공식에 따라 사는 것은 피해야 한다. 그렇게 살다 보면 앞 사람이 넘어지고 그 뒤로 줄줄이 넘어진 사람들이 높이 쌓여서 결국 몰락하게 된다.

행복으로 가는 길은 가장 많은 사람들이 지나갔고

널리 알려져 있는 길이 오히려 속임수인 경우가 빈번하다.

4

군중과 멀찌감치 떨어져
건강한 삶을 회복하자

사람들이 서로 밀치고 넘어지다 보면 군중 사이에서는 일대 혼란이 벌어진다. 누구든 자기가 쓰러질 것 같으면 주변 사람을 끌어당기게 마련이라 결국 뒷사람까지 함께 넘어져서 파멸하게 된다. 이런 모습은 인생을 살면서 어렵지 않게 목격할 수 있다. 그 누구도 혼자서만 길을 잃고 헤매지 않으며, 다른 사람이 길을 헤매도록 만드는 원인을 제공하게 마련이다. 이 때문에 맹목적으로 다른 사람의 선례를 따르는 것은 해롭기 짝이 없는 일이다.

스스로의 판단을 따르기보다 앞선 사람을 따라 걷다 보면 제대로 판단하는 법을 배우지 못하고 남의 말만 믿고 싶어진다. 그렇게 잘못된 선례가 이 사람, 저 사람에게 이어지다 보면 결국 모두가 파멸에 이르고 마는 것이다. 그러므로 우리는 무작정 남이 하는 대로 따라 살기보다는 군중과 멀찌감치 떨어져 건강한 삶을 회복하려고 애써야 한다.

5

무엇이 최선인지
꼼꼼히 따져 물어야 한다

대부분의 사람들은 악덕을 옹호하고 이성에 맞서는 태도를 취한다. 이는 선거 유세장에서도 자주 목격할 수 있다. 선거가 끝나고 민심이 뒤바뀌면 막상 내가 뽑은 후보가 왜 당선되었는지 모르겠다고 의아해하는 모습을 보이니 말이다. 똑같은 사람인데 처음에는 칭찬일색이다가 나중에는 온갖 비난을 한몸에 받는다. 무작정 다수의 의견에 따르다 보면 이런 일이 비일비재하게 벌어진다.

행복한 삶에 대해 이야기할 때만큼은 투표를 앞둔 유권자들이 흔히 말하는 것처럼 행동하면 안 된다. "저쪽에 사람이 더 많이 몰린 것 같아." 이는 정말 잘못된 선택이다. 흔히 사람들은 다수의 선택을 받은 것이 더 나은 것이라고 믿지만 사실 군중이 선택한 것이 최악인 경우는 생각보다 많다.

다수의 선택을 받은 것이 무엇인지 궁금해할 것이 아니라 무엇이 최선인지 꼼꼼히 따져 물어야 한다. 또한 진리를 제대로

해석하지 못하는 군중의 마음을 이끈 것을 궁금해할 것이 아니
라 무엇이 우리에게 지속적인 행복을 가져다줄지 고민해보아
야 한다. 여기서 군중이라는 의미는 높은 관직에 오른 사람들
까지 포함된 것이다.

6

영혼의 눈으로
진실을 찾을 수 있어야 한다

얼마나 좋은 옷으로 몸을 감싸고 있는지는 전혀 중요하지 않다. 또한 겉모습만 보고 사람을 판단하지도 말아야 한다. 진실과 거짓을 구분하기 위해서는 마음의 눈으로 바라볼 수 있어야 한다.

영혼의 눈으로 진실을 찾을 수 있도록 하라. 언젠가 영혼이 잠시 뒤로 물러나 속내를 고백할 수 있는 때가 온다면 다소 자책감은 들겠지만 이렇게 진실을 고백할 수도 있을 것이다.

"지금까지 내가 했던 일들을 하지 않았더라면 얼마나 좋을까! 지금까지 내가 했던 말을 돌이켜보니, 차라리 벙어리였으면 싶다. 내가 했던 모든 기도들이 적들의 저주와 같고, 내가 두려워했던 일들은 알고 보니 대단히 위대한 것들이었다. 많은 이들과 적이 되었지만, 이후 적개심을 버리고 사악한 것과도 우정을 나누는 것이 가능하리라 믿고 다시 우정을 쌓았다. 하지만 나 자신과는 아직도 적으로 지내고 있다. 수많은 군중 사이에서 눈에 띄고 싶어 죽도록 노력했다. 하지만 그 결과 스스로를 악의에 노출시키고 상처받기 쉬운 틈새를 보인 꼴이 되었구나."

7

눈에 보이지는 않지만
느낄 수 있는 진정한 선

당신의 발언에 찬사를 보내고 당신이 가진 부유함을 좇고 당신의 호감을 사려고 노력하며 당신의 권력을 칭송하는 자들이 보이는가? 그들은 당신의 적이거나 혹은 적이 될 가능성을 가진 자들이다. 부러움의 눈으로 바라보는 군중 뒤에는 시기심의 얼굴이 도사리고 있게 마련이다.

그렇다면 눈에 보이지는 않지만 느낄 수 있는 진정한 선을 추구하는 편이 어떠한가? 타인의 시선을 끌고 멈추어 서게 하는 것, 입을 떡 벌리고 손가락으로 가리키게 만드는 것들은 겉모습만 그럴싸할 뿐 속이 빈 강정처럼 아무 가치도 없다.

8

인생의 길은
결코 멀리 있지 않다

우리는 겉만 그럴싸한 것이 아니라 무언가 견고하고 균형 있으며, 아름다운 속내를 숨기고 있는 것을 찾으려고 노력해야 한다. 이러한 것은 결코 멀리 있지 않다. 어디로 손을 뻗어야 하는지만 안다면 충분히 찾을 수 있다. 하지만 우리는 바로 눈앞에 갈망하는 목표가 있는지도 모른 채 어둠 속을 비틀거리며 걸어가고 있다.

괜히 다른 사람의 의견을 하나하나 나열해서 여러분이 오히려 잘못된 길로 가지 않도록 하기 위해 바로 본론으로 들어가도록 하겠다. 물론 그 의견은 전적으로 스토아학파 철학자들의 의견에 부합한다는 것은 아니다. 나 역시 독자적인 의견을 가지고 있는 바, 올바른 길을 제시하기 위해서 그때그때 필요한 견해들을 더하도록 하겠다. 철학자들의 이야기를 함부로 폄하하거나 비난하기보다는 오히려 "그 부분에 대해 더 좋은 의견을 생각해보도록 하겠다."라고 말하도록 하겠다.

부러움의 눈으로 바라보는 군중 뒤에는

시기심의 얼굴이 도사리고 있게 마련이다.

9

자연의 본성과
조화를 이루어야 한다

　스토아학파에서 강조하듯, 나 역시 자연이라는 안내자의 중
요성에 무게를 두는 쪽이다. 지혜란 자연에서 벗어나지 않고
자연의 법칙과 자연이 보여주는 예를 따라서 자신을 형성해나
가는 과정이다. 따라서 자연의 본성과 조화를 이루는 것이 바
로 행복한 삶이다.

　행복한 삶을 이루기 위해서는 첫 번째, 건전한 정신을 가지
고 꾸준히 분별을 유지하려는 태도가 필요하다. 두 번째로는
용감하고 활기가 넘치며 거기에 고귀한 인내와 어떤 상황이 와
도 적응하려는 태도, 신체와 여타의 욕구에 귀를 기울이되 지
나치게 집착하지 않는 태도가 필요하다. 마지막으로 삶의 가치
를 고양시키는 것들에 집중하되 과도한 평가를 자제하고, 행운
의 여신이 주는 선물을 감사히 받되 노예가 되지 않으려는 자
세가 무엇보다 중요하다.

10

최고의 선이란
무엇인가?

인간이 가진 선의 개념은 같은 의미를 가진 다른 단어로 표현할 수 있다. 이는 군대가 똑같은 시간에 작전 지역에 배치되지만, 때로는 멀리 떨어진 곳에 때로는 가까운 곳에 자리하고, 때로는 양쪽으로 날개를 펼친 형태로 혹은 중앙을 비운 동그란 원형으로, 아니면 적진을 앞에 두고 직선으로 길게 정렬되어 있는 것과 같다. 병사들이 어떤 형태로 정렬되든지 그 힘은 다르지 않으며, 똑같은 이유로 전투에 임하는 것처럼 인간이 가진 최고의 선이라는 개념도 때로는 조금 크게 확대될 수도 있고, 때로는 압축되어 짧게 표현될 수도 있다.

"최고의 선이란 우연히 벌어지는 일들을 무시하고 미덕을 즐기려는 마음가짐에 있다."라고 말하거나, "최고의 선이란 절대로 흔들리지 않으며, 경험이 풍부하고 차분하게 행동하면서 타인에게 친절을 베푸는 마음의 힘을 말한다."라고 해도 본의는 똑같다.

다음과 같이 정의할 수도 있다. 선한 것과 악한 것 이외에는 어떤 선이나 악도 존재하지 않는다고 생각하며 사는 사람이 진정 행복한 것이라고. 또한 명예를 귀히 여기며 미덕에 만족하고, 우연히 찾아온 것에 지나치게 우쭐해하거나 기세가 꺾이지도 않고, 스스로 취할 수 있는 선보다 더 위대한 것을 알지 못하며 쾌락을 한낱 헛된 것으로 여기는 사람이 바로 행복한 사람이라고 말이다. 이처럼 생각과 내용은 그대로 두고 의미를 더욱 확장시켜서 최고의 선을 다양한 표현으로 정의할 수 있다.

11

명예로운 것을 유일한 선으로
여겨야 한다

　행복한 삶이란 독립적이고 곧으며, 두려워하거나 흔들리지 않고, 공포와 욕망이 닿을 수 없는 곳에 있다. 명예로운 것을 유일한 선으로, 치욕스러움을 유일한 악으로 여기며, 그외의 것들은 삶에 영향을 미치지 않기에 최고의 선이 태어나고 사라지는 데 상관이 없으니 아무런 가치가 없는 것으로 여기는 정신 자체를 행복한 삶이라고 말하지 못할 이유가 있을까?

　이러한 생각을 바탕으로 하는 사람은 본인의 의지와 상관없이 내면으로부터 진정한 즐거움을 느낄 수 있고, 항상 쾌활하며 진정한 행복을 누릴 수 있게 될 것이다. 자신이 가진 것을 즐길 줄 알고 마음에 있는 즐거움 이상의 것을 욕심내지 않기 때문이다. 그 정도 즐거움이라면 한낱 비천한 육체의 소소하고 일시적인 충동 따위와 충분히 맞설 수 있지 않겠는가?

12

소소하고 일시적인
쾌락과 고통이 사라져야 한다

　우리를 지나치게 흥분시키거나 놀라게 만드는 것들을 없애버리면 평온과 자유의 상태에 이를 수 있다는 점은 따로 언급하지 않아도 알고 있으리라 믿는다. 일단 소소하고 일시적인 쾌락과 고통이 사라지고 나면, 그 자리에는 견고하고 변함없는 커다란 기쁨이 자리할 것이다. 그 뒤로 평화와 조화로운 마음, 고귀함이 마음속에 피어오를 것이다. 온갖 잔인한 욕구들은 바로 나약함에서 야기되기 때문이다.

13

쾌락을 정복하면
고통도 정복된다

　쾌락을 정복하는 그 날, 고통도 충분히 정복할 수 있다. 주변에서 흔히 볼 수 있듯이 육체의 쾌락과 고통에 노예가 된 자들은 사악하고 고통스러운 노예 생활을 하게 마련이다. 우리는 그런 무절제한 독재자에게서 탈출해 자유를 쟁취해야만 한다.

14

진정한 선으로 인해 생겨나는
부드러움과 쾌활함

자유는 행운의 여신에게 무관심할 때만 얻을 수 있다. 그래야만 평온으로 인한 안락함과 숭고한 정신, 즉 그 가치를 따질 수 없는 정도의 축복을 받을 수 있다. 일단 두려움을 극복하고 나면 진정한 진리를 인지할 수 있고, 이를 통해서 어떤 경우에도 흔들리지 않는 커다란 즐거움, 그저 소소한 선이 아닌 진정한 선으로 인해 생겨나는 부드러움과 쾌활함을 내보일 수 있게 되는 것이다.

15

욕망과 두려움에서
자유로워야 한다

이 주제에 대해서 자세히 설명하기로 작정한 이상 조금 더 말해보자. 진정으로 행복한 사람이 누구냐고 묻는다면 이성이라는 선물에 감사하며 욕망과 두려움에서 자유로운 사람이라고 답하겠다. 딱딱한 바위도 두려움과 슬픔에서 자유롭고 농장에서 자라는 가축들도 자유롭지만, 누구도 이들을 행복하다고 말하지 않는다. 바위나 가축들은 진정한 행복을 인지하지 못하기 때문이다.

자연에 무감하고 자의식이 부족해 무생물이나 다를 바 없는 사람들도 그 안에 포함된다. 그들은 가축이나 다를 바 없다. 가축은 이성이 없고 무생물이나 다를 바 없는 사람들은 이성을 오용해 오히려 본인에게 해를 끼치는 방향으로 사용하기 때문이다. 진리의 경계 너머로 내팽개쳐진 사람들은 그 누구도 행복하다고 말할 수 없다.

16

운명의 여신이 위협해도
흔들리지 않는다

진짜 행복한 삶이란 신뢰할 만하고 올바른 판단에 바탕을 두고 있어 어떤 경우에도 흔들리지 않는 것이다. 그때에만 우리 마음에 먹구름이 걷히고 자유로워질 수 있다. 그 결과 심각한 상처나 작은 상처에 다치지 않고, 운명의 여신이 아무리 위협적으로 나온다고 해도 내가 서 있는 자리에서 흔들리지 않을 수 있다.

Lucius Annaeus Seneca

· 2장 ·

쾌락은 나약하고 쉽게 쓰러진다

17

쾌락의 유혹에
휩쓸리지 않아야 한다

쾌락은 도처에서 나타나서 온갖 사탕발림과 갖가지 수단을
동원해 우리 마음을 현혹시키려고 애쓴다. 조금이라도 인간적
인 부분이 남아 있는 사람이라면 낮과 밤을 가리지 않고 쾌락
에 휩쓸려 영혼마저 나태해진 상태로 육체를 내팽개치겠는가?

18

미래에 다가올 쾌락에
정신이 팔리지 않는다

누군가는 이렇게 말할 수도 있다. "하지만 우리 영혼도 나름대로 쾌락을 누릴 수 있습니다." 물론 우리 영혼도 나름대로 쾌락을 누리고 사치와 쾌락을 자기 기준에 따라 평가할 수 있다. 또한 갖가지 감각을 기쁘게 해주는 것들을 마음껏 누리고, 이제는 사라져버린 쾌락을 반추하고 과거의 경험을 뿌듯하게 돌이켜볼 수도 있다. 혹은 앞으로 다가올 짜릿한 쾌락을 기대하면서 현재를 사는 동안 여러 가지 희망을 가질 수도 있으리라.

하지만 그럴수록 영혼은 더욱 비참해지게 마련이다. 좋은 것을 두고 굳이 나쁜 것을 선택하는 것은 비정상적인 행동이기 때문이다. 미래에 다가올 쾌락에 정신이 팔려 현재의 삶에서 최상의 선택을 하지 못하는 자는 정상이 아니며, 비정상적인 행동을 하는 자는 절대로 행복을 얻을 수 없다.

19

이성적으로 판단하고
행동할 수 있어야 한다

이성적인 판단을 할 수 있는 자는 행복하다. 현재 상황이 어떻든 그것에 만족하고 눈높이를 맞추기 때문이다. 자신이 존재하고 있는 현재 상황에 맞추어 이성적으로 행동하는 사람만이 진정 행복한 사람이다.

이성적인 판단을 할 수 있는 자는 행복하다.

현재 상황이 어떻든 그것에 만족하고 눈높이를 맞추기 때문이다.

20

쾌락과 미덕은
완전히 다른 것이다

최고의 선을 쾌락과 동일한 선상에 두었던 사람들도 그것이 선에게 얼마나 불명예스러운 자리인지 알고 있다. 그래서 쾌락은 미덕과 따로 떨어져 생각할 수 없는 것이며, 즐겁게 살지 않고서는 명예롭게 살지 못하고, 명예롭게 살지 않으면 즐겁게 살지 못한다고 억지 주장을 한다. 하지만 완전히 다른 두 가지의 것을 어떻게 하나의 수레에 담으려고 하는지 전혀 이해되지 않는다.

왜 쾌락과 미덕을 따로 떨어트려 생각할 수 없다는 것인가? 모든 선한 것들이 미덕에서 비롯되며, 우리가 사랑하고 갈망하는 것들이 미덕에 뿌리를 두고 있기 때문인가? 만약 미덕과 쾌락이 분리될 수 없는 것이라고 한다면 어떠한 이유로 즐겁지만 명예롭지 못하며, 반대로 명예롭지만 고통을 겪어야만 힘들게 누릴 수 있는 것이 존재하겠는가?

21

미덕은 절대로
쾌락을 필요로 하지 않는다

최고로 수치스러운 삶이라고 해도 그 속에는 쾌락이 존재한
다. 하지만 미덕은 사악한 것을 용인하지 않는다. 어떤 사람은
쾌락이 없어서가 아니라 쾌락 그 자체 때문에 불행하게 살아간
다. 그렇다면 쾌락과 미덕은 떼려야 뗄 수 없는 관계에 있지 않
다는 증거가 아닌가. 때때로 미덕은 쾌락과 함께하지 않으며,
반드시 쾌락을 필요로 하지도 않는다.

22

미덕과 쾌락을
하나로 합치려 하지 말라

왜 사람들은 서로 어울리지 않는 것들을 하나로 합치려고 하는가? 미덕이란 숭고하고 고양된 것이며, 고귀하고 쉽게 쓰러트릴 수 없으며 지치지 않는 것이다. 반면 쾌락은 저급하고 노예와 같아 나약하고 쉽게 쓰러지며, 허름하고 더러운 술집을 거처로 삼는다.

미덕은 신전과 토론장, 원로들이 모인 회의장에서 쉽게 찾을 수 있다. 때로는 성벽 앞에 서 있기도 하며, 먼지를 뒤집어쓰고 뜨거운 햇볕에 그을린 채 손바닥에 못이 박힌 모습으로 눈에 띄기도 한다. 반대로 쾌락은 사람들의 시선을 피해서 목욕탕이나 한증막처럼 어두운 곳으로 찾아든다. 대부분 나약하고 힘이 빠진 상태로, 술과 향수에 절어 진한 화장으로 치장한 채 창백한 모습으로 눈에 띈다.

23

쉽게 소멸하는 쾌락에는
본질이 존재할 수 없다

　최고의 선은 사신의 손이 닿지 않는 곳에 있고, 끝이 없어 과도함과 후회를 견뎌낼 필요가 없다. 올바르게 서 있는 영혼은 정해진 경로를 이탈하지 않으며, 스스로에게 역겨움을 느끼거나 쉽사리 뒤바뀌지 않고 그 자체로서 완벽하다. 하지만 쾌락은 극도의 즐거움을 느끼는 순간 소멸되어버리고 만다. 쾌락은 넓은 공간을 필요로 하지 않아 재빠르게 공간을 가득 채웠다가도 금세 지치고 힘을 잃게 마련이다.

　쉽게 움직이는 것들은 신뢰하기 힘든 법이다. 재빠르게 나타났다가 사라지는 것과 극도의 즐거움을 느끼는 순간 소멸하는 것에는 본질이 존재할 수 없다. 멈추어 서야 할 곳에서 어딘가로 나아가고, 시작하는 순간 끝을 찾으려고 하기 때문이다.

24

쾌락은 가치 있는
삶의 안내자가 아니다

쾌락은 악한 것에만 존재하는 것이 아니라 선한 것에도 존재하고 있다. 품위 있는 사람들이 우아한 것에서 즐거움을 찾듯이 불명예스러운 것들은 추악한 자들에게 기쁨을 준다. 그래서 선조들이 쾌락을 올바르고 가치 있는 삶의 안내자가 아니라 한낱 욕망으로 여기고 벗으로 삼아야 하며, 최고로 즐거운 것을 따르기보다는 최선의 삶을 살아야 한다고 말했던 것이다. 따라서 우리는 자연을 인생의 안내자로 삼아야 한다. 인간의 이성은 자연을 따르고 자연에서 조언을 구하기 때문이다.

행복한 삶을 영위하는 것과 자연을 따라 사는 것은 같은 맥락이다. 무슨 뜻인지 하나하나 설명해보겠다.

25

쾌락과 욕구의
노예가 되지 않아야 한다

우리는 타고난 육체적인 본성과 자연의 욕구를 세심하고 용감하게 지켜내야만 진정 쓸모 있는 것으로 만들 수 있다. 다만 이것은 우리가 육체적 본성과 자연의 욕구의 노예가 되지 않고, 다른 것들이 우리를 장악하지 못하도록 하며, 육체적인 쾌락을 주는 것들과 낯선 것들에게 주도권을 내주지 않고 정해진 자리에 머물도록 할 때만 가능하다.

낯선 것들이 우리를 해하지 못하도록 하고 절대로 물러서지 않으며, 오롯이 자기 인생을 설계할 수 있어야 한다. 다시 말해 자존감을 가지고 최후의 순간에 충분히 대비해야 한다는 것이다. 그러기 위해서는 지식의 부족함이 없어야 하며, 지식에 바탕을 두고 결단을 내릴 수 있어야 한다. 일단 결심을 굳히면 끝까지 밀고 나가 절대로 바꾸는 법이 없어야 한다. 따로 설명하지 않아도 알겠지만, 그런 사람은 균형 잡히고 질서를 제대로 유지해 모든 행동에 친절한 본성과 고매함을 보일 것이다.

낯선 것들이 우리를 해하지 못하도록 하고 절대로 물러서지 않으며,

오롯이 자기 인생을 설계할 수 있어야 한다.

26

최고의 선을 이루면
쾌락의 위협이 사라진다

이성이 진리를 얻기 위해서는 다른 뾰족한 출발점이 없기 때문에 보통은 감각의 자극을 받아서 다시 내면으로 복귀한다. 온 세상을 품고 우주를 좌우하는 신조차 외부를 향해 나아가지만, 어디로 가든 결국 내면을 향해 돌아오게 마련이다. 우리의 영혼도 그렇게 움직이도록 하라. 감각을 따라서 외적인 것들을 향해 나아갔다가 외적인 것과 스스로를 모두 자신의 것으로 만들 수 있도록 하라.

이런 삶의 방식을 통해서 자신과 조화를 이룰 수 있는 소소한 에너지와 힘이 생긴다. 또한 자아와 대립하는 대신 의구심을 품지 않아도 되는 확고한 의견과 개념 그리고 믿음이 생기게 된다.

이성은 스스로를 조화롭게 하고 다른 모든 것들과 조화를 이룰 수 있게 만들어, 말 그대로 아름다운 화음을 통해 최고의 선을 이룰 수 있게 된다. 그 이후부터는 잘못 뒤틀리거나 이성을 흔들고 위협하며 넘어트리려고 하는 온갖 위협들이 완전히 사라지게 될 것이다.

이럴 때 우리는 마침내 오롯이 자기 의지에 따라서 행동하고, 예기치 못한 위험에 처하지 않을 수 있게 된다. 모든 행동에는 좋은 결과가 따르고, 모든 일은 지체되는 일 없이 순조롭게 술술 해결될 것이다. 주저함과 나태함은 본인의 결심에 자신이 없고 갈등하고 있음을 보여주는 반증이다. 따라서 최고의 선은 바로 영혼의 조화라고 과감히 주장해도 좋다. 조화와 화합이 있는 곳에 미덕이 존재하며, 악덕은 불화를 조장하게 마련이니까.

27

미덕이 가져오는 쾌락은
그저 덤일 뿐이다

물론 이런 반론도 제기할 수 있다. "당신도 어떠한 쾌락을 기대하는 마음 때문에 맹목적으로 미덕을 추구하는 것일 수도 있습니다." 설사 미덕이 쾌락을 가지고 온다고 해도 쾌락을 얻기 위해서 미덕을 추구하는 것이라고 할 수는 없다. 만약 미덕이 쾌락을 가져온다면 다른 목표를 추구하다 보니 우연히 쾌락을 덤으로 얻게 되는 것이다.

이는 옥수수를 심기 위해서 들판을 갈아엎었는데, 우연히 그 자리에 아름다운 꽃이 피어난 것과 같은 이치다. 옥수수 씨를 뿌리려던 농부가 일부러 그 어린 꽃을 키우려고 한 것이 아닌데도 자기 의도와 상관없이 덤으로 꽃이 자란 것이 아닌가. 쾌락 또한 미덕으로 인한 보상이나 미덕을 추구하는 원인이 아니라 그저 덤으로 얻는 것에 불과하다. 미덕이 즐거움을 준다고 해서 쾌락을 주는 것이 아니듯 그저 즐거움을 얻기 때문에 더불어 쾌락을 느끼는 것이다.

최고의 선은 이를 선택하는 자세와 마음가짐이 완벽히 조화를 이룰 때 찾을 수 있다. 자신이 정한 목표를 향해서 끝까지 나아가고 정해진 한계를 지킬 때만 최고의 선이 완성되며, 그 이상의 것은 바라지 않아야 한다. 완전체를 넘어선 곳에는 그 무엇도 존재하지 않으며, 최종 한계 너머에는 어떤 목표도 존재하지 않는다.

28

미덕은 오직
그 자체를 바란다

어떤 이유로 미덕을 추구하느냐고 질문하는 것 자체가 잘못된 것이다. 그건 최고의 선 너머에 무엇이 있느냐고 묻는 셈이니까. 미덕으로부터 무엇을 기대하느냐고 묻는 것인가? 미덕은 그 자체를 바란다. 미덕보다 나은 것은 없고, 그 자체로 충분한 보상이다.

미덕만으로 충분한 보상이 되지 않는다고? 만약 이렇게 대답한다면 어떠한가? "최고의 선은 절대 양보하지 않는 견고한 영혼의 본성이며, 그 자체로 선견지명과 숭고함, 건전함, 자유, 조화와 아름다움을 가지고 있다."

그래도 더욱 그럴싸한 대답을 해달라고 조를 텐가? 왜 쾌락이라는 저급한 자질을 들먹이는가? 나는 인간의 선을 추구하는 것이지 육체적인 즐거움을 논하는 것이 아니다. 그 부분이라면 오히려 소떼나 야생동물을 통해 더 쉽게 규명할 수 있을 것이다.

최고의 선은 이를 선택하는 자세와 마음가짐이
완벽히 조화를 이룰 때 찾을 수 있다.

29

쾌락에 온통 정신을
빼앗긴 채로 사는 바보들

이렇게 반문하는 사람도 있을 것이다.

"제 말을 왜곡하고 계시군요. 제 말의 요점은 명예롭게 살지 않고서는 즐겁게 살 수 없다는 것입니다. 그런데 말 못하는 짐 승이나 오직 먹는 것에서만 즐거움을 느끼는 부류의 인간에게 는 품위 있게 산다는 것이 불가능한 게 아닌가요? 그렇다면 방 금 전에 말했던 즐거운 삶이란 미덕 없이는 불가능한 일이 아 닙니까?"

쾌락에 온통 정신을 빼앗긴 채로 사는 자들이 가장 어리석은 바보라는 사실을 모르는 사람이 있을까? 쾌락에는 사악함이 도사리고 있으며, 영혼을 해치는 온갖 저급한 쾌락을 불러오게 마련이다.

예를 들어 오만함과 자신이 가진 장점에 대한 과대평가, 타 인을 얕보며 잔뜩 부풀어 오른 자신감, 자기 관심사에 대한 맹 목적이고 지각없는 편애, 소소하고 철없는 이유로 불거진 사치, 게다가 세 치 혀와 타인을 모욕하며 느끼는 교만함, 게으름 그리고 매사 느릿느릿 행동하는 영혼의 무기력함 같은 것들 말이다.

30

쾌락을 위해서라면
아무것도 하지 않는다

미덕은 그 모든 것들을 조각조각 흩어내고 혼쭐을 내어서 섣불리 쾌락을 허용하기 전에 엄격히 평가한다. 만약 미덕이 쾌락을 허락하고 즐거움을 느낀다고 해도 절대로 쾌락을 이용하지 않으며, 이를 미미한 것으로 여겨 최대한 절제하려고 한다. 하지만 절제한다는 것 자체가 쾌락을 감소시키기 때문에 최고의 선에 해로운 영향을 끼치게 마련이다.

보통은 쾌락을 포옹하지만 나는 쾌락을 제한한다. 다들 즐거움을 만끽하려 들지만 나는 이를 이용한다. 쾌락을 최고의 선으로 여기는 자들도 있지만 나는 좋을 것이 하나 없다고 본다. 쾌락을 위해서라면 무엇이든 하는 사람도 있지만 나는 아무것도 하지 않는다.

쾌락을 위해서 아무것도 하지 않는다는 것은 우리가 알고 있는 현인들의 경우에도 똑같이 해당된다. 우리는 쾌락뿐만 아니라 특정한 것에 종속되어 있는 자들을 절대로 현인이라고 칭하지 않는다. 어떤 것, 특히 쾌락에 지배를 받으면서 어떻게 위험과 가난 그리고 온갖 위협에 맞서서 싸울 수 있을까? 그렇게 나약한 적에게도 승리를 내어주면서 어떻게 죽음과 슬픔, 우주가 파멸하는 광경을, 또 잔인한 적들을 대면할 수 있을까?

"그들은 쾌락이 이끄는 거라면 무엇이든 할 것이다."

그 쾌락이 얼마나 많은 것들로 우리를 유혹할지 예상이 되지 않는가?

31

한낱 쾌락의 뒤를 따르면서
미덕을 논하지 말라

이렇게 대답할 수도 있다.

"쾌락은 미덕과 연관이 되어 있으니 수치스러운 행동을 권하지는 않을 것입니다."

선을 행하기 위해서 감시자가 필요한 거라면 그것이 과연 어떻게 최고의 선이 될 것인가? 한낱 쾌락의 뒤를 따르면서 어떻게 미덕이 우위에 있다고 볼 수 있을까? 누구의 뒤를 따른다는 것은 복종한다는 뜻이고, 지배한다는 것은 명령을 한다는 뜻일 텐데. 그렇다면 명령하는 자를 뒷자리에 두겠다는 의미인가? 그런 세상이라면 미덕이라는 것 자체가 쾌락을 미리 맛보는 매우 탁월한 역할을 맡게 되는 것이 아닌가!

그런 무례한 대접을 받으면서 미덕이 계속 미덕으로 남을지는 두고 보아야 알겠지만, 일단 자기 이름을 포기하고 나면 더 이상 미덕으로 남을 수 없을 것이다. 그렇다면 본래 주제로 돌아가서 쾌락에 둘러싸여 행운의 여신에게 받은 수많은 선물들

을 포기하고 사악한 본성을 드러낸 자들의 예를 나열해보도록
하겠다.

　유명한 미식가인 노멘타누스*와 아피키우스**가 말 그대로
바다와 땅이 준 온갖 만찬들을 식탁에 차려 놓고 맛보는 광경
을 보라. 장미꽃들로 가득한 침대에 누워서 귀로는 노랫소리를
감상하고, 눈으로는 산해진미를 즐기며, 혀끝으로 음식을 맛보
는 자들의 모습을 보라. 부드럽고 따스한 천으로 만든 옷으로
몸을 따스하게 감싸고 온갖 화려한 향기들로 가득한 공기 냄새
를 만끽하고 있다. 이런 자들이야말로 진정 쾌락을 즐기고 산
다고 말할 수 있으리라. 하지만 최고의 선을 즐기는 것이 아니
기에 진정 행복하다고 볼 수는 없다.

●　　로마의 미식가로 재산을 미식으로 탕진했다.
●●　아우구스투스 황제 시대의 유명한 식도락가다.

32

쾌락과 미덕이 불러오는
완전히 다른 결과들

누군가 이렇게 대답할 수도 있다.

"많은 잡념들이 영혼을 어지럽힐 테니 그들도 힘들 겁니다. 서로 다른 의견들이 충돌해서 마음이 불안할 테니까요."

나 또한 그 부분에 동의한다. 하지만 그럼에도 불구하고 멍청하고 변덕스럽고 만날 후회만 일삼는 자들은 짜릿한 쾌락을 맛보고 싶어할 것이다. 본인들은 선으로부터 멀리 떨어진 만큼 갖가지 불안한 마음으로부터 멀리 떨어져 있게 되었다고 주장하겠지만, 오히려 극도의 광기에 휩싸여 입가에 웃음을 머금고 신이 나 있다고 보는 게 옳을 것이다.

그와 반대로 현인들이 느끼는 쾌락은 편하고 절제되어 있으며, 활기가 느껴지지 않고 차분히 가라앉아 있어서 눈에 띄지 않는다. 쾌락은 일부러 부를 수도 없으며, 만약 쾌락이 스스로 다가온다고 해도 쾌락을 느낀 자들에게 큰 환영을 받지도 못한다. 현인들이란 쾌락을 맛보는 순간에도 진지한 인생살이에 다

소간의 농담과 즐거움을 더하듯 마구 뒤섞어버리고 말기 때문
이다.

Lucius Annaeus Seneca

3장

쾌락이 아닌
미덕을
맨 앞자리에
두자

33

쾌락과 미덕을 애써
결합시키려 하지 말라

쾌락과 미덕이라는 서로 어울리지 않는 짝을 애써 결합시키려는 노력을 금해야 한다. 그건 사악하기 짝이 없는 자들에게 괜히 잘 보이고 싶은 마음에서 비롯된 행동에 지나지 않는다. 술에 취해서 트림이나 쩍쩍 해대며 쾌락에 찌들어 사는 자들은 본인이 미덕과 함께 살고 있다고 착각하게 마련이다. 미덕과 쾌락이 불가분의 관계에 있다는 말만 듣고 남들에게 꽁꽁 숨겨야 할 악덕을 지혜인 양 오히려 떠벌리고 있는 것이다.

34

쾌락을 찬양하는 것이
위험한 까닭

에피쿠로스*가 이들을 방종한 습성으로 이끈 것도 아니다. 오히려 악덕에 중독되어서 쾌락을 누리고 싶은 욕구를 철학이라 꾸며대며, 쾌락을 칭송하는 노래가 들리는 곳으로 달려가고 있는 것이다. 또한 에피쿠로스가 말했던 '쾌락'이라는 것이 얼마나 진중하고 극기심이 내재된 것인지 모르고, 그저 쾌락이라는 단어 하나만 보고 자신의 욕망을 감싸주고 정당화시켜줄 방패막을 찾아서 날아든 것이다.

종국에는 사악한 삶을 살면서 유일하게 간직하고 있던 선이나 잘못을 저지르고 있다는 것에 대한 두려움마저 사라지고 만다. 과거에는 얼굴을 붉히며 부끄러워하던 일도 이제는 찬양을 받으며 스스로 악덕을 자랑스러워하는 지경이 되었다.

수치스러운 방탕함이 명예로운 이름을 부여받은 이상 젊은 이들조차 기백을 되찾지 못하게 되었다. 쾌락을 찬양하는 것이

● 고대 그리스의 철학자로 원자론에 기초를 둔 에피쿠로스학파를 창시했다.

위험한 까닭은 바로 우리에게 좋은 가르침을 주는 것은 속으로 숨어버리고 썩어빠진 것만 겉으로 드러나기 때문이다.

쾌락을 찬양하는 것이 위험한 까닭은 바로 우리에게 좋은 가르침을 주는 것은
속으로 숨어버리고 썩어빠진 것만 겉으로 드러나기 때문이다.

35

쾌락을 충족시키기에
자연은 턱없이 부족하다

비록 스토아학파의 철학자들은 동의하지 않을지도 모르지만 나는 에피쿠로스가 신성하고 올바르고 흠잡을 데 없는 것을 가르치고 있다는 사실에 동의하는 쪽이다. 그가 주장했던 쾌락의 원칙을 자세히 살펴보면 미덕을 가늠하는 잣대를 더 작고 미미한 것으로 축소시켜서 이를 쾌락에 적용시키고 있음을 알 수 있다. 그러니까 쾌락으로 하여금 자연을 따르라고 말하는 것이다. 하지만 쾌락을 충족시키기에 자연은 턱없이 부족한 법이다.

36

그동안 자신이 살아온 세월을 쾌락이라고 믿는 사람들

그렇다면 진실은 무엇일까? 아무것도 하지 않고 게으르게 욕정만을 쫓으며 사는 자들이 '행복'이라는 허울 좋은 미명 아래 본인의 사악한 행동을 감추고 싶었던 것이다. 그래서 진짜 쾌락이 아니라 그동안 자신이 살아온 세월을 쾌락이라고 믿고 싶은 것에 불과하다. 일단 적당한 스승을 찾고 나면, 다시 말해 그 스승이 가르치는 이론과 본인이 저질러온 악덕이 일치한다고 생각되면 이제는 숨어서 악덕을 추구하기보다 한껏 뽐내며 욕정을 탐닉하게 된다. 그래서 나는 스토아학파에서 주장하듯 에피쿠로스의 쾌락 이론이 수치스러운 행동을 가르친다는 것에 동의하지 않는다. 그보다는 에피쿠로스도 억울하게 오명을 쓰고 있다고 감히 말하고 싶다.

에피쿠로스학파에 직접 몸담지 않고서 어찌 그들을 섣불리 판단할 수 있으랴? 하지만 겉모습만 보면 삐뚤어진 희망을 주고 나쁜 평판을 불러일으키기 쉽다. 마치 건장한 사내가 여자 옷을 걸치고 있는 모습이랄까. 건전한 마음은 그대로이고 정력적이며 어떠한 것의 지배도 받지 않지만, 손에는 방종의 상징인 탬버린을 들고 있는 모양새인 것이다.

그러므로 우리는 명예로운 모토를 향해 나아가며 영혼을 고풍스럽게 가꾸는 이름을 선택해야만 한다. 그가 주장하는 '쾌락'이란 이름 주변에는 온갖 악덕들이 덕지덕지 달라붙어 있을 뿐이다.

37

쾌락을 추구하는 사람들의
공통된 특징

미덕을 추구하는 사람들은 품격 넘치는 자연의 본보기를 보이게 마련이다. 반대로 쾌락을 추구하는 사람들은 기력이 쇠하고 부서져 진정한 남성성을 잃고 치욕스러운 모습으로 빠져드는 것처럼 보인다.

자연스러운 욕구 속에서 추구하는 쾌락과 아무리 채워도 만족할 수 없는 치욕스러움 속으로 빠져드는 쾌락을 누군가 정확히 구분해주기 전까지는 그럴 수밖에 없을 것이다.

38

미덕이 모두를
이끌 수 있도록 하라

이제부터 미덕이 모두를 이끌 수 있도록 하라. 그러면 내딛는 모든 발걸음이 안전해질 것이다. 과도한 쾌락은 해로울 수 있지만 미덕 자체에 절제가 깃들어 있으니 조금 과하더라도 해로움을 걱정할 필요가 없다. 혹여 자기 몸이 커질까 두려워하는 것은 진정한 선이 아니다. 이성적인 본성을 타고난 존재에게 이성보다 더욱 값진 안내자가 있을까?

만약 이러한 결합 자체가 마음에 들지 않고 이성과 더불어 행복을 향해 나아가고 싶지 않다면, 미덕이 길을 이끌고 쾌락으로 하여금 그림자처럼 주위를 맴돌며 함께 걸어가는 방법을 선택하라. 가장 숭고한 미덕에게 쾌락의 하녀 노릇이나 하도록 만드는 것은 숭고함이라고는 전혀 모르는 미천한 인간이나 할 법한 짓이다.

39

미덕이 맨 앞자리에서
기준점을 잡도록 하라

미덕이 맨 앞자리에서 기준점을 잡을 수 있도록 하라. 그렇다고 쾌락을 포기했다는 의미는 아니다. 그저 미덕이 주인이 되어 쾌락을 조절하도록 만드는 것일 뿐이다. 쾌락은 우리에게 간청할 수 있지만 강요할 수는 없다. 반대로 쾌락에게 맨 앞자리를 내어준 자는 두 가지 모두를 잃게 될 것이다. 먼저 미덕을 잃게 될 것이고, 쾌락을 누리는 것이 아니라 쾌락에 종속되고 말 것이다. 그러다 쾌락이 지나치면 숨이 막힐 것이고, 쾌락이 부족하면 고통을 겪게 될 것이다.

쾌락에게 버림받으면 비참한 꼴이 되고, 쾌락이 넘쳐나면 더더욱 비참한 꼴로 전락하고 만다. 파도에 휩쓸리거나 해안에 휩쓸리기도 하고, 성난 파도에 휘말려가는 선원의 처지로 몰락하고 마는 것이다.

이제부터 미덕이 모두를 이끌 수 있도록 하라.

그러면 내딛는 모든 발걸음이 안전해질 것이다.

40

쾌락을 섬기는
노예로 전락하지 말라

　평소 욕구를 절제하지 못하고 맹목적으로만 추구하다 보면 쾌락에게 버림받는 결과를 낳게 된다. 선이 아닌 것을 추구하는 자가 야망을 이룬다는 것 자체가 위험천만하기 때문이다. 목숨을 걸고 힘들게 맹수를 포획하지만, 맹수를 붙잡아두면 오히려 위험천만한 소유물이 되는 것처럼 말이다. 맹수들은 때로는 주인조차 갈기갈기 찢어버리게 마련이다.

　엄청난 쾌락을 좇는 자들은 결국 커다란 곤경에 빠지게 되고, 자신이 잡았다고 생각한 것들에게 오히려 붙잡히고 만다. 쾌락이 더욱 커지고 불어나서 행복해보이는 사람일수록 실제로는 더 위축되어서 결국 쾌락을 섬기는 노예로 전락하고 만다.

41

쾌락을 위해
자신을 팔아넘기는 사람들

쾌락의 노예가 된 아둔한 자들을 더 상세히 비유해보면, 사냥꾼이 자기 의무와 중요한 일까지 제쳐두고 야수들의 뒤를 쫓은 뒤 올가미를 던져 야수를 붙잡고 사냥개를 풀어 드넓은 숲을 에워싸는 것과 같은 모습이다. 이처럼 쾌락을 추구하는 자들은 쾌락의 배를 채우기 위해서 자신의 자유의지를 바치고, 본인을 위해 쾌락을 사는 것이 아니라 쾌락을 위해 자신을 팔아넘기는 꼴로 전락한다.

42

미덕과 쾌락이 합쳐져
최고의 선이 될 수는 없다

이런 질문도 나올 수 있다.

"하지만 미덕과 쾌락이 하나로 합쳐져 최고의 선을 이룩하게 된다면, 그리하여 명예로운 것과 즐거운 것이 똑같아질 텐데 대체 무엇을 방해한다는 뜻입니까?"

물론 명예로운 것의 일부를 떼어낸다고 해도 그 속성 자체가 명예로운 것이라 상관없지만, 최고의 선에 조금이라도 불순한 것이 포함된다면 그 자체의 순수성은 사라지고 만다.

비록 미덕으로부터 떨어져나온 즐거움이 선한 것이기는 하지만 절대적인 선의 일부는 아니며, 본질적으로 고귀한 것에서 파생된 것이라고 해도 즐거움과 평정심 그 이상이 될 수 없다. 왜냐하면 그것이 선한 것일지는 몰라도 최고의 선에 부합할 뿐, 완벽하지는 않기 때문이다.

43

소소한 쾌락에 흔들려서는
미덕은 있을 수 없다

미덕과 쾌락을 평등하지 않은 상태로 결합시키는 자는 선의 강한 부분을 떼어내 다른 나약함에 가져다 붙이는 식이 될 수밖에 없다. 자유는 그보다 더 소중한 것이 없다는 사실을 깨달을 때만 완벽해지기 때문이다. 그 결과 자유는 행운의 여신의 도움 없이는 견딜 수 없게 되고 그 자체로 자유를 빼앗기는 것이다. 결국에는 불안과 의심 그리고 두려움으로 가득 차서 '행여 예기치 못한 불운이 닥쳐 모든 게 바뀌면 어쩌나' 하고 근심 걱정으로 가득한 삶을 살게 된다.

이는 견고하고 흔들리지 않는 곳 대신 불안하고 흔들리는 밑바탕 위에 미덕을 세워두라고 명령하는 것과 같다. 행운의 여신에 대한 기대, 육체에 온갖 영향을 주는 다양한 변화보다 더욱 불안정한 것이 어디 있으랴? 소소한 쾌락과 고통에도 흔들린다면, 어떻게 신에게 복종하고 어떠한 일도 흔쾌히 받아들이며, 불평불만 없이 운명에 순응하고 본인의 불운을 진실한 마음으로 해석할 수 있을까? 쾌락을 추구하는 자는 고향을 지키는 수호자나 승자가 될 수 없으며, 제일 친한 벗을 변론할 수도 없는 법이다.

44

미덕의 계단을 올라서야만
최고의 선이 가능하다

최고의 선은 반드시 높은 곳에 자리해야 한다. 그 어떤 폭력·고통·희망·공포도 최고의 선을 움츠리게 만들지 못하도록. 하지만 그 높은 곳으로 가는 것 또한 미덕을 통해서만 가능하다. 미덕의 계단을 올라서야만 가장 높은 자리에 오를 수 있다. 그 결과 어떤 일이 생겨도 용감하게 참고 견뎌내며, 인내심을 가지고 맞서 싸울 수 있다.

또한 모든 고난이 자연의 법칙에 따른 것임을 깨달을 수 있을 것이다. 그러면 결국 용감한 전사처럼 아픈 상처의 개수를 세고 참아내며, 날카로운 무기에 맞아 죽어가면서도 자신을 다스려온 미덕을 위해서 기꺼이 목숨을 바치고 '신을 따르라'는 오래된 격언을 가슴속에 새길 것이다.

최고의 선은 반드시

높은 곳에 자리해야 한다.

45

인생의 장애에 부딪쳤을 때
지나치게 흥분하는 사람들

불평불만을 일삼고 울며불며 신음하는 자들은 자기 의사와 상관없이 억지로 명령을 수행하기 위해서 이끌려가는 꼴에 불과하다. 자기 발로 따라나서지 않고 억지로 끌려간다는 것이 제정신으로 가능한 것인가? 무언가 부족함이 있다거나 어떤 가혹한 일 때문에 고통을 겪는다고 해서, 아니면 착한 사람들과 혹은 나쁜 사람들이 질병이나 죽음, 육체적인 불구 혹은 인생을 살아감에 있어 어떤 장애물을 만났다고 해서 지나치게 흥분하고 후회한다면 그 또한 어리석고 바보 같은 짓이 아닐까?

46

가혹한 운명 앞에서도
결코 당황하지 말라

우주의 법칙이 흘러가는 결과로 인해서 고통을 겪어야 한다
면 마땅히 참고 이겨내야 할 것이다. 인간의 힘으로는 도저히
피할 수 없는 가혹한 운명 앞에서 당황하지 않고 참고 견디는
것은 우리가 엄숙히 선서했던 바가 아닌가. 우리는 신의 지배
아래 세상에 태어났고 신에게 복종하는 것은 결국 우리의 자유
의지에 따른 것이다.

47

진정한 행복은
미덕 안에 존재한다

진정한 행복은 미덕 안에 존재한다. 미덕이 우리에게 어떤 조언을 할 것인가? 미덕이나 악덕으로 인한 결과물이 아닌 것은 절대 선이나 악으로 여겨서는 안 된다고 대답할 것이다. 그리고 악을 마주하거나 선을 즐기게 되더라도 가능한 한 신을 닮기 위해 노력해야 한다고 말할 것이다.

그렇게 사는 것에 대한 대가로 미덕은 무엇을 약속할까? 신들이나 누릴 법한 엄청난 축복을 줄 것이다. 그 어떤 것에도 종속되지 않으며, 아무 부족함 없이 마음껏 자유를 누리고 안전한 가운데서 어떠한 해도 입지 않을 것이다. 헛된 시도를 하지도 않을 테고 방해받는 일도 절대 없을 것이며, 모든 것이 우리 소망대로 이루어지고 적대적인 일을 겪지도 않으며, 기대와 희망에 어긋나는 일은 벌어지지 않을 것이다.

우주의 법칙이 흘러가는 결과로 인해서

고통을 겪어야 한다면 마땅히 참고 이겨내야 할 것이다.

48

미덕 하나면 행복한 삶을
사는 데 충분하다

그렇다면 미덕 하나면 행복한 삶을 사는 데 충분한 것일까? 미덕이 완벽하고 신성한 것이라면 어찌 부족함이 있으랴? 그 정도면 충분하지 않은가? 우리가 소망하는 것 이상을 얻을 수 있다면 무엇이 더 필요할까? 필요한 모든 것을 자기 안에 가지고 있다면 그 이외에 더 필요한 것이 있을까?

하지만 미덕을 추구하고 충분히 성장했다고 해도 운명의 여신이 친절을 보이는 것 정도는 필요할 수 있다. 그리고 인간으로서 맺고 있는 유한한 매듭을 풀 수 있을 때까지 인생과 맞서 싸워야 할 것이다. 그렇다면 어떤 차이가 있을까? 어떤 사람은 그 매듭에 묶여 있고 또 어떤 사람은 꽁꽁 매여 살지만, 저 높은 자리에 오른 사람들은 매듭에 묶여 있어도 충분히 움직일 수 있기에 아직 완벽히 자유롭지는 않아도 이미 자유를 얻은 것이나 매한가지라는 점이다.

Lucius Annaeus Seneca

4장

완벽하지 않기에 나의 악덕을 곱씹다

49

왜 실제 삶이 아닌 말로만
미덕을 외칩니까?

평소 철학에 대해 이런저런 불평을 토로하던 자들이라면 이런 질문을 던질 수도 있다.

"그렇다면 왜 실제 삶이 아닌 말로만 용감하게 떠드는 것입니까? 왜 지위가 높은 사람에게 아첨을 하고 돈을 필수적인 것으로 생각하고, 손해를 입으면 속상해하고 아내나 친구가 세상을 떠났다는 소식에 눈물을 짜고, 남들의 평판에 귀 기울이고 나쁜 소문을 들으면 기분 나빠합니까?"

"어떤 이유로 당신의 농장은 필요 이상으로 잘 가꾸어져 있습니까? 왜 정해진 식단대로 식사를 합니까? 왜 온갖 가구들이 번쩍번쩍 빛이 납니까? 왜 당신 나이보다 더 오래된 와인을 손님들에게 대접하지요? 왜 금으로 된 식기를 사용합니까? 그늘을 제공하는 것밖에 하는 일이 없는 나무를 왜 심었습니까? 왜 당신의 아내는 집 한 채 값과 맞먹는 값비싼 귀걸이를 차고 다니지요? 왜 당신 집에서 일하는 사람들이 고급스러운 옷을 입습니까? 왜 당신 집에서 식사를 기다리는 것 자체를 즐거워하며, 아무렇게나 식기를 배열하는 대신 질서정연하게 배열하고 음식을 썰어주는 사람을 따로 둡니까?"

"왜 해외에도 재산을 가지고 있습니까? 왜 처음보다 많은 것을 가지려 합니까? 참으로 부끄럽게도, 본인이 기억도 하지 못할 정도로 많은 하인들을 거느리고 있나요? 그 자체가 낭비 아닙니까?"

50

하루의 잘못된 행동 속에서
악함을 곱씹어본다

따끔한 지적을 겸허히 받아들이고 나중에 스스로 충분히 반성해보겠지만, 지금으로서는 이런 대답을 하고 싶다.

"나는 현인이 아니다. 더 비난을 받을지는 몰라도 절대로 현인이 되지 못할 것이다. 그러니 나를 최고의 현인들과 견주지 말고 차라리 악랄한 자보다 나아지라고 말하기를 바란다. 하루하루 내 자신의 잘못된 행동 속에서 악함과 과오들을 곱씹어보는 것만도 충분히 벅찬 일이니까.

나는 지금까지 완벽히 건강하지 못했고 앞으로도 그럴 것이다. 지금도 통풍으로 고생하고 있어 치료약을 구하기보다는 조금이나마 고통을 더는 것에 만족하고 있다.

앞으로 조금 덜 아프고 드물게 고통받는다면 나는 그것으로 만족할 것이다. 하지만 나약한 자들에 비하면 나는 운동선수나 다름없다. 지금까지 내가 말한 모든 것들은 여전히 사악한 것들 사이에서 살아가는 나 자신이 아니라 최고의 경지에 오

른 사람들의 입장에서 충고하는 것임을 기억해주기를 바라는
바다."

51

제일 먼저 나의 악덕을
곱씹어보려고 한다

"그럼 말과 행동이 다른 거군요."라고 누군가 말할 것이다.
그렇다면 나는 이렇게 대답하겠다.

"가장 고귀한 것들을 무조건 비난하기 바쁜 사악한 자들은
들으라. 그대들이 말하는 것은 과거 플라톤, 에피쿠로스, 제논[•]
또한 들었던 것들이다. 그들 또한 자신이 어떻게 살고 있는지
가 아니라 우리가 어떻게 살아야 할지에 대해 말한 바 있다. 내
가 말하려는 것은 미덕에 대한 것이지 나 자신에 대한 것이 아
니다. 내가 악덕을 비난하려고 할 때는 제일 먼저 나 자신의 악
덕을 곱씹어보려고 한다. 앞으로도 가능한 올바른 방식으로 살
려고 노력할 것이다.

아무리 강력한 독설이 가득한 악의를 보인다고 해도 최상의
것을 위해 살려는 나를 끌어내리지는 못할 것이다. 당신은 그
독으로 스스로를 죽이고 또한 다른 사람들까지 죽이려고 하지

[•] 준엄한 도덕주의와 엄격한 의무 준수를 주장하는 스토아학파를 창시했다.

만, 살고자 하는 인생을 향해 나아가려는 나의 마음과 미덕을
찬양하며 저 멀리서부터 차근차근 가고자 하는 나를 그 무엇도
방해하지는 못할 것이다."

52

악의로 가득한 잣대를
들이대면 안 된다

과거 루틸리우스와 카토도 악의에 찬 공격으로부터 안전하지 못했는데, 그 어떤 것이 안전할 수 있을까? 악의로 가득한 잣대를 들이댄다면 견유학파*의 대표적인 철학자인 데메트리오스조차 그들의 기준에서는 지나치게 부유한 것이 될 것이다. 그 기준에서 보면 누군들 성에 찰 것인가?

자연의 온갖 욕구와 맞서 싸우며 엄격한 삶을 살아왔고, 견유학파의 다른 철학자들에 비해 많은 것을 포기하고 소유욕까지 억제하며 살았지만, 데메트리오스조차 당신 기준에는 충분히 극빈하지 못했다고 판단한 바 있다. 그는 미덕에 대한 지식을 널리 알렸을 뿐만 아니라 빈곤에 대한 것도 가르쳤던 철학자였다.

● 안티스테네스가 창시한 그리스 철학의 한 파로 무욕(無慾)과 정신적 독립을 이상으로 삼았다.

내가 악덕을 비난하려고 할 때는 제일 먼저 나 자신의 악덕을
곱씹어보려고 한다. 앞으로도 가능한 올바른 방식으로 살려고 노력할 것이다.

53

나는 운명이 정해준 길을
향해서 떠난다

에피쿠로스학파의 철학자 디오도로스가 스스로 목숨을 끊은 것도 스승인 에피쿠로스의 가르침을 따르지 못한 행동이라고 말한다. 이를 미친 짓이라고 하는 자들도 있고, 무모하다고 보는 자들도 있다. 하지만 그는 아무 거리낌 없이 행복함을 느끼며 마지막 증언을 남기고 생을 마감했다. 디오도로스는 안전한 항구로 가서 돛을 내렸고 여러분이 듣기 싫어할 수 있는 마지막 말을 남겼다.

"이제 내 삶은 끝이 났고 이제 나는 운명이 정해준 길을 향해서 떠난다."

54

현인들을 비난하는
사악한 자들의 악행

현인들의 삶이나 누군가의 죽음은 악의에 찬 무리들의 입에 오르내리게 마련이다. 그뿐인가. 탁월한 업적을 세워 위대한 명성을 얻은 자들을 두고 이방인을 마주한 개처럼 짖어대기 바쁘다. 타인의 미덕은 악의에 가득 찬 자들이 저지르는 온갖 사악한 행동에 대한 비난이기 때문이다. 이 때문에 그들은 다른 사람들을 나쁘게 끌어내려야만 직성이 풀린다. 질투에 눈이 멀어서 고귀한 것들과 자신의 오명을 비교해보지만, 스스로에게 얼마나 큰 해악이 될지는 미처 알지 못한다.

만약 미덕을 찬양하는 자들이 그토록 탐욕스럽고 욕심이 많으며 야망에 눈이 멀었다면 미덕이라는 이름 자체도 싫어하는 자들은 대체 어느 정도란 말인가? 그들은 말만 번드르르할 뿐, 그 말을 제대로 지키며 사는 사람은 없다고 주장한다. 수없이 많은 풍랑을 견디고 살아남은 위대한 자들을 용감하고 대단하다고 말하는 것이 뭐 그리 놀라운 일인가?

현인들은 십자가에서 벗어나려고 애쓰지만, 사악한 자들은 자기 손에 못을 박고 있는 꼴이다. 현인들은 처형장으로 끌려가서 십자가 하나에 못 박히고 말지만, 스스로를 벌주는 사람들은 그들이 쫓는 쾌락만큼 많은 십자가에 박혀 산산이 찢겨나간다. 게다가 남들을 헐뜯는 걸 좋아해서 타인에게 모욕을 주려고 할 때는 재치가 넘친다. 십자가에 매달린 채로 주변에 몰려든 자들에게 침만 뱉지 않아도 언젠가 그 악행을 멈출 수 있다고 믿고 싶은 심정이다.

55

철학의 추구만으로도
칭찬받아 마땅하다

"철학자들은 자신이 연설한 내용을 스스로 실행에 옮기지 않습니다."라고 말할 수도 있다. 하지만 철학자들은 연설을 통해 숭고한 영혼의 예를 제시함으로써 본인의 몫을 해내고 있다. 언제나 말과 행동을 일치시킬 수 있다면 그 행복의 기준은 가히 최고치에 이르지 않겠는가? 그렇다고 해서 숭고한 말과 가치 있는 생각으로 가득 찬 마음까지 경멸할 이유는 없다. 설사 실행에 옮기지 못한다고 해도 가치 있는 학문을 추구한다는 것만으로도 칭찬받아 마땅한 일이다.

이제 내 삶은 끝이 났고 이제 나는

운명이 정해준 길을 향해서 떠난다.

56

비록 넘어지더라도
위대한 것을 추구하는 자들

가파른 경사를 오르는 사람이 정상을 정복하지 못한다고 해서 그리 놀랄 일은 아니지 않은가? 진정한 인간이라면 비록 넘어지더라도 위대한 것을 추구하는 자들에게 존경심을 보이는 것이 마땅한 일이다. 매우 높은 목표를 설정하고 본인이 가진 힘보다 본성의 힘을 믿으며 엄청난 의지를 가진 자만이 실현할 수 있는 원대한 계획을 가진다는 것만 해도 대단히 위대한 일이다.

57

내가 가진 것이
모든 이들의 것이라고 생각하다

그들이 세운 이상은 다음과 같을 것이다.

"나는 죽음을 귀로 전해 듣는 것처럼 죽음을 떳떳이 관망할 것이다. 강한 정신력을 바탕으로 육체에 힘을 얻을 것이기 때문에 아무리 힘든 일이라도 반드시 해내고 말 것이다. 나는 돈이 많거나 적거나 상관없이 부에 개의치 않을 것이다. 부유함이 멀리 있다고 해서 아쉬워하지 않고, 내 주변이 부유함으로 번쩍인다고 해서 으쓱거리지도 않을 것이다. 행운의 여신이 가까이 오거나 멀리 가거나 미동하지 않을 것이다. 또한 모든 토지를 나의 것이라 생각하고, 내가 가진 것은 모든 이들의 것이라 생각할 것이다. 나는 타인에게 도움을 주기 위해서 태어났다고 생각하며 살아갈 것이고, 나를 태어나게 해준 자연의 섭리에 감사할 것이다. 자연보다 더 나에게 도움이 되는 것이 어디 있을까?"

58

세상의 이목이 아닌
양심에 따라 행동한다

그들이 세운 이상은 다음과 같을 것이다.

"내가 가진 재산이 어느 정도이건, 지나치게 인색하게 지키려고 들지도 않을 것이고, 정신없이 탕진하지도 않을 것이다. 그 모든 것은 나의 소유물이 아니라 그저 현명함의 선물을 받은 거라 생각할 것이다. 또한 숫자나 무게가 아니라 선행을 받을 만한 자격이 있느냐에 따라 베풀 것이며, 가치 있는 사람이 받은 것을 두고 지나치다고 여기지도 않을 것이다. 남들의 이목에 따라 행동하지 않고 오직 양심에 따라 행동할 것이다. 비록 내 행동을 보는 사람이 나뿐이라고 해도 로마의 국민 모두가 지켜보고 있다는 마음으로 행동할 것이다."

나는 타인에게 도움을 주기 위해서 태어났다고 생각하며 살아갈 것이고,

나를 태어나게 해준 자연의 섭리에 감사할 것이다.

59

선한 양심과 고귀한 염원을
진정 사랑하다

그들이 세운 이상은 다음과 같을 것이다.

"음식을 먹고 마시는 것은 자연의 욕구를 충족하는 것이지 단순히 배를 채우기 위한 것이 아니다. 나는 친구들에게는 기쁨을 주고 적들에게는 너그러움과 관용을 베풀 것이다. 또한 타인이 관용을 구하기 전에 먼저 베풀고, 예의바른 청을 받으면 기꺼이 도움을 줄 것이다. 전 세계를 고향으로 여기고, 신들이 세상을 주관하고 계심을 기억하고, 저 위에서 나의 행동과 말 하나하나를 날카로운 눈으로 지켜보고 있음을 잊지 않을 것이다. 언제든 자연의 섭리에 따라서 숨을 거두어야 하는 순간이 오거나 혹은 이성의 목소리가 목숨을 내놓아야 한다고 말하면 순순히 따를 것이다. 그리고 나는 선한 양심과 고귀한 염원을 진정 사랑했으며, 나 자신은 물론 어느 누구의 자유도 침해하지 않았노라고 증언할 것이다."

60

거사를 이루려고 했으나
아쉽게 추락하다

이러한 이상과 결심을 품고, 희망을 가지고 신들이 있는 곳
으로 여행하는 사람이라면 자신의 여정을 완전히 끝마치지 않
았더라도 이렇게 말할 수 있을 것이다.

"거사를 이루려고 했으나 아쉽게 추락하고 말았다."

나는 친구들에게는 기쁨을 주고

적들에게는 너그러움과 관용을 베풀 것이다.

61

선한 자들에게 상처를
남기려는 이들의 말로

악덕을 추종하는 무리들이 미덕과 미덕을 알리는 자들을 미워한다는 것은 그리 놀랄 일도 아니다. 병이 든 눈은 따가운 햇살을 두려워하게 마련이고, 야행성 동물들은 해가 뜨면 정신없이 어두운 곳을 찾아 헤매고 구멍 속으로 들어가서 밝은 낮을 피하려고 한다. 사악한 자들이여, 선한 자들을 욕보이면서 그대들의 가련한 혓바닥을 마음껏 흔들고 입을 벌려 있는 힘껏 깨물어보라. 선한 자들에게 상처를 남기기도 전에 이빨이 부러지고 말 것이다.

Lucius Annaeus Seneca

5장

부의
노예가 아닌
주인이
되자

62

부를 완전히 등한시하라는 뜻은 아니다

"어떠한 이유로 철학에 헌신하면서 여전히 부를 누리며 사는 것입니까? 왜 재산을 가지지 않아야 한다고 주장하면서 정작 본인은 재산을 가지고 있지요? 왜 건강을 하찮게 생각하라고 말하면서 그리 건강에 신경을 쓰고 최상의 상태를 유지하려고 애씁니까? '사는 곳을 바꾸는 것이 그리 괴로운 일인가?'라고 주장하면서, 정작 본인은 고향에서 늙어가고 싶어하지요? 수명이 짧건 길건 아무 상관없다고 단정지어 말하면서도 가능한 범위에서 최대한 수명을 연장하며 평화롭게 늙어가려고 합니까?"

물론 그런 부분들에 지나치게 집착해서는 안 된다고 말하지만, 지나치게 집착하지 말라는 뜻이지 완전히 등한시하라는 뜻은 아니다. 삶에서 여러 부분에 집착하지 않고 살다 보면 오히려 친절한 손님처럼 아무 말 없이 따라와주게 마련이다. 언제든 때가 되어 돌려달라고 했을 때, 불평불만 없이 순순히 내어

준다면 행운의 여신의 입장에서는 그보다 더 안전히 보관할 수
있는 장소가 어디 있겠는가?

삶에서 여러 부분에 집착하지 않고 살다 보면

오히려 친절한 손님처럼 아무 말 없이 따라와주게 마련이다.

63

군이 재산을 거부하지 않고
미덕을 실행하다

마르쿠스 카토의 경우에는 쿠리우스와 코룽카니우스,* 그리고 몇 푼 안 되는 은화까지 감시관이 직접 처벌해야 하는 범죄로 여기던 시대를 찬양했지만, 본인은 400만 세스테르티우스나 되는 재산을 소유하고 있었다. 물론 크라수스보다는 적은 금액이지만 감시관 카토보다는 훨씬 많은 양이었다. 군이 비교한다면, 재산 부분에서는 크라수스보다 적지만 증조부보다는 더 많은 부를 소유하고 있었고, 더 많은 재산을 소유할 수 있는 기회가 온다면 거절하지 않았을 것이다.

현인들도 스스로 행운의 여신이 주는 선물을 받을 자격이 없다고 여기지 않는다. 물론 재산에 연연하지 않지만 이를 소유하는 데 거부감이 없다. 그저 마음으로 소유하기보다는 집안에 두고 군이 재산을 거부하지 않고 잘 간직해두었다가, 스스로 미덕을 실행함에 있어서 이를 잘 활용할 수 있기를 바란다.

● 쿠리우스와 코룽카니우스는 로마의 집정관이자 로마적 소박함과 엄격함을 상징하는 인물이다.

64

현인이 부유하다면
더 많은 기회가 생긴다

　결과적으로 현인이 가난할 때보다 부자일 때, 본인의 능력을 발휘할 수 있는 기회가 더욱 많아진다는 점에 대해서는 의심할 여지가 없어 보인다. 현인이 빈곤하다면 절대 굽히지 않고 묵살당하지 않아야 하는 한 가지 종류의 미덕밖에 존재하지 않지만, 현인이 부유하다면 절제와 친절, 성실, 적당한 분배와 자비를 베풀 수 있는 다양한 여지가 존재할 수 있기 때문이다.

　현인이 난쟁이처럼 키가 작다면 그로 인해 스스로를 경멸하지는 않았겠지만, 이왕이면 키가 크면 좋겠다고 생각했을 것이다. 체력적으로 나약하거나 눈이 한쪽밖에 안 보인다고 해도 건강 면에서는 별 문제가 없을 테고, 내면에 더욱 값진 것을 가지고 있다고 확신하겠지만 가능하면 건장한 체격을 가지고 싶었을 것이다. 만약 건강이 좋지 않다고 해도 잘 견뎌냈겠지만 되도록 건강하기를 바랐을 것이다.

65

부는 가장 중요한 가치를
가진 것들 중 하나다

비록 전체적인 것에 크게 영향을 미치지 않고 본질적인 선을 파괴하지 않는 선에서 제거될 수 있다고 해도 미덕으로부터 파생되는 즐거움만으로 진정 이바지할 수 있는 특별한 점들이 분명히 존재한다.

마찬가지로 현인이 부를 가진다면 그 자체로 기쁨을 가져다 줄 것이다. 마치 항해중인 배가 순풍을 만나 정해진 목적지까지 순조롭게 도착할 수 있는 것처럼 매서운 겨울 추위 중에 날씨가 좋은 날 혹은 햇볕이 좋은 장소가 기쁘게 느껴지는 것처럼 말이다.

미덕을 유일무이한 선으로 여기는 스토아학파의 철학자들인 현인들조차 이 점을 부인할 수는 없으리라. 평소 그들이 "별로 중요할 것이 없다."라고 말하는 것들도 나름대로 가치를 지니고 있으며, 그 중에서도 특히 중요한 것들이 존재한다는 점 말이다. 그게 무엇이냐에 따라서 조금 더 명예롭기도 하고 덜 명

예롭기도 하다. 그러므로 부유함은 가장 중요한 가치를 가진
것들 중에 하나임이 분명하다.

66

부가 가장 중요한 자리를
차지해서는 안 된다

"부를 중요시한다는 점에서 나와 다를 것이 없다면, 왜 부에 집착하는 나를 비웃는 것입니까?"

현인들이 그대와 어떻게 다른 시각에서 부를 바라보는지 알고 싶은가? 만약 현인들이 부를 잃는다면 그 자체가 사라지는 것에 불과하지만, 당신이 부를 잃는다면 말문을 잃고 어딘가 버림받은 기분에 사로잡힐 것이다. 현인들에게 있어서 부는 그저 부일 뿐이지만, 당신에게 부는 가장 중요한 자리를 차지하고 있다. 다시 말해 현인들은 부를 소유한 주인이지만, 당신은 부의 노예인 것이다.

만약 현인들이 부를 잃는다면 그 자체가 사라지는 것에 불과하지만,

당신이 부를 잃는다면 말문을 잃고 어딘가 버림받은 기분에 사로잡힐 것이다.

67

지혜로움은
가난과 직결되는 게 아니다

그러니 철학자들은 부유함을 누리지 않아야 한다는 주장은 이쯤에서 그만두기 바란다. 지혜로움이 가난과 직결된다고 말한 사람은 아무도 없다. 철학자들도 재산을 소유할 수 있다. 물론 다른 사람의 손에서 빼앗거나 누군가의 피가 묻은 돈이거나 타인에게 부당한 짓을 해서 얻은 것이 아니어야 하고, 수입과 지출이 일정한 자들의 시기심을 사는 것만 제외하고 누구의 불만도 사지 않는 것이어야 한다.

정당한 재산이라면 얼마든지 쌓아두어도 무방하다. 재산이 얼마나 많건 이는 정직한 것이니 상관없다. 다른 사람이 제아무리 탐을 내더라도 진짜 자신의 것이라고 주장할 수 있는 것은 없을 테니까.

68

행운의 여신이 베푸는
친절을 거부하지 말자

만약 행운의 여신이 친절을 베푼다면 현인은 이를 거절하지 않을 것이며, 영예롭게 얻은 재산을 자랑하거나 수치스럽게 생각하지도 않을 것이다. 물론 대문을 활짝 열어 동네사람들을 모두 불러 모아놓고, "자, 누구든 자기 것이다 싶은 것이 있다면 마음껏 가지고 가시오!"라고 말할 수 있다면, 충분히 자랑할 수도 있다. 그 후에도 재산이 하나도 줄어들지 않았다면 그는 진정 위대한 부자일 것이다! 모든 사람들에게 재산을 공개하고 이를 낱낱이 살피도록 한 후에도 아무것도 빼앗기지 않았다면 그 사람은 떳떳하게 부를 얻은 사람이다.

69

불명예스러운 부는
한 푼도 탐하지 않는다

  현인은 불명예스러운 것이라면 한 푼도 집안에 들이지 않겠지만, 행운의 여신이 준 선물이나 미덕의 결실로 얻은 것이라면 엄청난 재산이라도 굳이 거절하지 않을 것이다. 일부러 좋은 것을 거부해야 할 이유가 무엇인가? 정직한 재산이라면 두 팔 벌려 환영해야 마땅한 일이다. 현인은 진부한 사람들처럼 재산을 떠벌리지 않을 것이며, 괜히 소심해지고 겁이 나서 선을 주머니에 넣고 다니는 사람들처럼 재산을 감추지도 않을 것이며 문 앞에서 발로 걷어차지도 않는다.

  어떻게 거절을 해야 한단 말인가? "돈 따위는 필요 없어." 혹은 "돈이 있어도 어떻게 써야 할지 모른다."라고 말해야 할까? 마치 충분히 걸어다닐 수 있는 사람도 마차에 타는 것을 좋아하듯이 가난도 기꺼이 받아들일 수 있지만 기왕이면 부자가 되기를 좋아하는 것이 당연하다. 그러므로 현인은 재산을 소유하되 언제든지 훨훨 날아가버릴 수 있는 덧없는 것으로 여기며,

그 재산이 다른 사람이나 스스로에게 짐이 되는 것은 피할 것
이다.

　오히려 현인들은 남에게 베풀 것이다. 갑자기 귀를 쫑긋 세
우고 지갑을 활짝 여는 것인가? 현인은 자신의 재산을 선한 자
들, 그리고 좋은 일을 할 법한 자들에게 내어줄 것이다. 또한 돈
을 버는 것만큼 쓴 것도 투명하게 처리해야 하기 때문에, 고심
에 고심을 거쳐 가장 적절한 대상을 골라 정당하고 누가 들어
도 납득할 법한 이유를 들어 이를 베풀 것이다. 제대로 베풀지
못하는 것은 수치스러운 낭비와 다를 바 없기 때문이다. 현인
의 주머니는 활짝 열려 있지만 그렇다고 구멍이 나서 술술 새
어버리는 것은 아니다.

70

그저 내키는 대로
부를 베풀어서는 안 된다

남들에게 베푸는 것을 별 것 아니라고 생각했다면 이는 큰 오산이다. 그저 기분이 내키는 대로 돈을 뿌리는 것이 아니라 신중하게 선물을 준다고 생각하면 굉장한 어려움이 따르게 마련이다. 어떤 사람에게는 베풀고, 다른 사람에게는 돌려주는 것이다. 먼저 도움을 주고 혹은 자비를 선사하는 것이다.

가난 때문에 잘못된 길로 빠지거나 빈곤에 빠져 있으면 안 되기 때문에 부를 베풀기도 하지만, 굳이 베풀어도 빈곤의 늪에서 빠져나오기 어려운 경우라면 지갑을 닫기도 한다. 어떤 사람에게는 원조를 제공하지만 억지로 받으라고 강요하는 경우도 있다. 그 어떤 경우에도 소홀히 하지 않고 대상을 꼼꼼히 기록해 부를 베풀어야 한다.

71

선행을 베풀 때
낭비하지 않아야 한다

"그렇다면 베푼 만큼 나중에 돌려받고 싶어서 준다는 뜻입니까?"라고 물을 수 있다.

그렇지는 않다. 그저 낭비하지 않겠다는 뜻이다. 무언가를 베풀 때는 먼저 돌려달라고 하지 않아야 하지만, 어떤 방식으로든 되받을 수 있어야 한다. 누군가에게 선행을 베풀 때는 반드시 필요한 때가 되기 전까지는 보물처럼 저 깊은 곳에 묻어둘 수 있어야 할 것이다.

72

자연은 모든 사람들에게
베풀라고 말한다

부유한 자들은 선행을 베풀 수 있는 기회를 얼마나 많이 가지고 있는가! 부자들이 로마의 시민들에게 자비를 베푼다고 이를 막아설 자가 어디 있겠는가? 자연은 모든 사람들에게 베풀라고 말한다. 상대가 노예이건 자유인이건, 법적인 절차에 따라서 자유를 얻었건, 친구의 자비로 자유를 얻었건 무슨 상관이랴? 인간이 존재하는 곳이 어디든지 간에 친절을 베풀 수 있는 기회는 언제나 존재하는 법이다. 집안에서도 돈을 나눠주고 자유를 선사할 수 있을 것이다.

선행은 자유로운 사람들에게만 베푸는 것이 아니라 자유로운 정신으로부터 실행되어야 하는 법이다. 현인은 자비를 얻을 자격이 없는 자에게 억지로 베풀어야 하는 처지에 놓이지 않을 뿐만 아니라, 적당한 상대를 만나더라도 아무 때나 흘러나와서 길을 잃고 헤매는 실수를 범하지도 않는다.

73

부유함이 선은 아니지만
유용한 것임에는 분명하다

내가 어떤 점에 진정한 가치를 두고 있는지를 설명하겠다. 부유함은 선이 아니다. 만약 부유함이 인간을 선하게 만든다면 이는 선이 될 것이다. 하지만 사악한 자들도 부유할 수 있다면 이를 선이라고 부를 수는 없다. 하지만 부자가 되는 것이 좋은 일이고, 이를 통해 다양한 선행을 베풀 수 있으며 유용하다는 점에 있어서는 동의하는 바다.

74

왜 부를 선으로
규정지을 수 없는가?

우리 모두 부를 소유하는 것이 바람직하다는 점에 동의했지만, 그럼에도 불구하고 왜 부를 선으로 규정지을 수 없는지에 대해서 설명해보겠다. 나를 으리으리한 부잣집에 데려다놓는다고 해도, 은과 금으로 된 그릇을 온 가족이 사용하는 집에 산다고 해도, 그저 집안의 일부일 뿐 나의 일부가 아닌 것들 때문에 으스대지는 않을 것이다. 나를 테베레 강의 거지들이 우글거리는 다리 아래로 데려간다고 해도, 남들에게 구걸의 손을 내미는 거지들 사이에 있다고 해도 나 스스로를 경멸하지 않을 것이다.

언제든 죽음을 선택할 수 있는 능력이 있는데 빵 한 조각이 없다고 한들 무슨 차이가 있을까? 그렇다면 어느 쪽을 선택할 것이냐고 묻고 싶은가? 물론 으리으리한 저택이 나을 것이다.

인간이 존재하는 곳이 어디든지 간에 친절을
베풀 수 있는 기회는 언제나 존재하는 법이다.

75

맨발로 다니기보다는
제대로 옷을 갖춘다

나를 값비싼 가구들과 번쩍거리는 명품들 사이에 앉혀라. 고급 망토를 두르고 손님들을 자줏빛 쿠션에 기대게 해준다고 해도 더욱 행복하다고 느끼지 않을 것이다. 건초 더미 위에서 잠을 청하고, 온통 속이 빠져나온 오래된 천 방석을 깔고 눕는다고 해도 더 비참하다고 느끼지 않을 것이다. 하지만 맨 어깨를 드러내고 맨발로 다니기보다는 제대로 옷을 갖춰 입어 정돈된 마음을 보이는 편이 나을 것이다.

76

고통을 억누르며 살기보다는
적당한 선에서 즐긴다

하루하루가 내 뜻대로 흘러가고 연이어 축하연회를 벌인다고 해도 그러한 이유로 자기애가 깊어지지 않을 것이다. 그런 융성한 날들이 뒤바뀌어서 매달 손실이 이어지고 슬픔과 갖가지 불운으로 마음이 황폐해진다고 해도, 아무리 비참한 상황 속에서도 나 스스로를 비참하다고 여기지 않을 것이며, 어떤 날이 와도 나를 저주하지 않을 것이다. 그런 불운한 날이 닥치지 않도록 오랜 시간 대비를 해왔기 때문이다. 하지만 고통을 억누르며 살기보다는 적당한 선에서 즐기며 살고 싶다.

77

기왕이면 더 만족스럽고
즐거운 것이면 좋겠다

나는 행운의 여신 자체를 개의치 않는 편이지만 내게 선택권이 있다면 더 좋은 부분을 취하고 싶다. 무슨 일이 생기든 선한 것으로 만들겠지만 기왕이면 더 만족스럽고 즐겁고 다루기 쉬운 것이면 좋겠다. 아무런 노력 없이는 미덕을 얻을 수 없지만 미덕이 어떤 것이냐에 따라서 때로는 박차를 가해야 하고, 때로는 고삐를 매어 다스려야 한다.

가파른 언덕을 오를 때는 지지대가 필요하고 반대로 내려갈 때는 몸을 지탱할 것이 필요한 것처럼, 때로는 미덕도 가파른 언덕 위를 오르고 내리막으로 향하기도 한다. 인내심과 결단력, 끈기 등의 미덕은 운명의 여신과 갖가지 어려움에 어떻게든 맞서 싸워 이겨내 언덕 위를 오르려고 노력할 것임은 분명한 일이다.

그렇다면 자애로움과 절제 그리고 친절함은 가파른 언덕 아래로 향하지 않겠는가? 이러한 미덕들의 경우에는 아래로 미끄러지지 않도록 박차를 가해야 하지만, 반대로 고난에 맞서 싸우는 미덕들은 고삐를 잡아 한껏 부추겨야 한다. 따라서 빈곤에 처했을 때는 싸우는 법을 잘 아는 용맹한 미덕을 활용해야 하고, 부유할 때는 쉽게 균형을 잃지 않고 조심스럽게 내딛을 수 있는 미덕을 사용하는 것이 좋다.

만약 미덕들 사이에 이러한 차이점이 존재한다면 나는 피와 땀을 흘려야만 얻을 수 있는 미덕보다는 비교적 평화롭게 얻을 수 있는 미덕을 활용하고 싶다. 그럼 우리의 현자는 이렇게 결론지을 것이다.

"내가 말 따로 행동 따로 살지 않았으니, 여러분이 나의 말을 제대로 이해하지 못한 것이다. 비록 나의 목소리에 귀 기울이기는 했지만 그 말이 진정 무슨 뜻인지 알아듣지는 못한 것이리라."

78

현인은 돈의 주인이 되지만
바보는 돈의 노예가 된다

"바보와 현인 둘 다 부유함을 얻고자 한다면 둘 사이에 어떤 차이가 있겠는가?"

엄청난 차이가 있다. 현인은 부를 노예처럼 부리지만 바보에게는 부가 주인 행세를 한다. 현인은 부를 그다지 중요한 것으로 여기지 않지만, 바보는 금은보화 말고 아무것도 보지 못한다. 우리는 평생 부자로 살 수 있다는 약속이라도 받은 것 마냥 쉽사리 부유함에 길들여지고 집착하지만, 현인들은 부유함에 둘러싸여 있는 순간에도 빈곤함에 대한 생각을 멈추지 않는다.

현인은 부를 노예처럼 부리지만

바보에게는 부가 주인 행세를 한다.

79

내가 가진 재물에
넋이 나가면 안 된다

군대를 이끄는 수장은 휴전인 상황에서도 언제라도 전쟁이 터질 수 있을 거라고 생각하며 쉽게 평화로움에 안주하지 않는다. 하지만 우리는 어떤 경우에도 집이 불타거나 무너져내리지 않을 거라고 믿으며, 으리으리한 저택을 가졌다는 사실에 우쭐해한다. 마치 운명의 여신조차 우리가 가진 부를 탐하지 않고 절대 위험에 처하지 않을 것이란 믿음으로 재물에 넋이 나가 있는 것이다.

80

현인도 부를 빼앗길 수 있지만
진정한 재산은 그대로다

우리는 게으름에 빠져 부를 누리고 살면서 눈앞에 다가온 위험은 전혀 보지 못하고 있다. 거대한 대포가 얼마나 멀리까지 날아갈 수 있는지 모르며, 시시각각 주변을 포위해오는 자들의 모습을 멀뚱히 쳐다보고 있는 무식한 야만인과 하나 다를 게 없는 것이다.

우리도 별반 다르지 않다. 잠시 넋을 놓고 있는 사이 부유함을 노리는 위협들이 사방에 도사리고 있으며, 언제든 불운이 닥쳐 값비싼 소유품을 잃을 수 있다. 물론 현인들도 부유함을 빼앗길 수 있지만 진정한 재산은 그대로 남아 있을 것이다. 현인은 미래에 연연하지 않고 자신에게 주어진 현재를 즐기며 살기 때문이다.

Lucius Annaeus Seneca

· 6장 ·

타인의
악함을
평가할
여유가 없다

81

최선을 다해서
나를 고양시켜나갈 뿐이다

우리는 지혜를 위해 헌신하는 사람들이 영예롭고 용감하며, 당당히 주장하는 바를 일부러 곡해해서 들을 필요가 없다. 지혜를 위해 헌신하는 자와 이미 지혜를 습득한 자가 다르다는 점을 반드시 기억하라.

지혜를 위해 헌신하는 자는 이렇게 말할 것이다. "내가 입 밖으로 꺼내는 말들은 훌륭하나, 나는 지금도 악덕의 늪에 빠져 있다. 그러니 원칙에 따라서 살아야 한다고 강요하지 마시길. 나는 최선을 다해서 스스로를 고양시키고 인격을 만들어나가려고 노력하고 있다. 어느 정도 최고의 목표에 도달하고 나면 그때는 내 말과 행동이 일치해야 한다고 강요해도 될 것이다."

반대로 최고의 선을 습득한 사람들은 이와 다른 말을 할 것이다. "여러분보다 나은 사람들을 함부로 판단하려고 해서는 안 된다. 나는 이미 사악한 자들의 비판을 얻어내는 것에 성공했으니, 올바른 본성을 가졌다는 증거인 셈이다."

82

남의 포로가 되기보다는
승리자가 되고 싶다

소크라테스는 이렇게 말했다. "나를 세계 모든 나라를 이겨
낸 승리자로 만들고, 동이 틀 무렵 나를 바쿠스의 화려한 전차
에 태워 테바이까지 데려가주오. 또한 모든 법률이 나로부터
시작되도록 하라. 모든 면에서 신격화 대접을 받는 날, 나 스스
로 인간임을 더욱 강하게 느낄 것이다. 가장 높은 곳에 오른 순
간, 모든 운이 다해 추락하도록 만들라. 나를 오만하고 잔인한
정복자의 행렬 가운데 들것에 실려 가도록 만들라. 다른 사람
의 전차에 끌려간다고 해도, 비굴하게 굽신대지 않을 것이다."

83

나는 다른 사람의 의견에
영향을 받지 않는다

소크라테스나 그 정도 위치에서 인간사를 관망하는 현자들은 이렇게 말할 것이다.

"타인의 의견에 따라서 내 삶을 뒤바꾸지 않는다는 점은 무엇보다 확고하다. 사방에서 아무리 귀에 익은 비난들을 쏟아부어도 이를 기분 나쁘게 듣기보다 오히려 가련한 꼬마들이 울부짖는 것으로 듣고 지나칠 것이다."

지혜를 얻은 사람들은 이렇게 말할 것이다.

"악덕에 의해 전혀 더럽혀지지 않은 그 영혼들은 미움이 아니라 치유를 위해 타인에게 채찍질을 하라고 명령한다."

그리고 다음과 같이 덧붙일 것이다.

"나는 다른 사람의 의견에 영향을 받지 않으며, 스스로의 판단에 따라서 움직인다. 미덕을 증오하고 공격하는 것은 선에 대한 희망을 포기하는 것과 같다. 제단을 뒤엎은 자들이 신에게 어떤 해도 끼치지 못하듯, 여러분도 나를 해하지 못할 것이

다. 또 해를 끼치지 못하는 것에서 그칠 뿐만 아니라 사악한 의
도와 계획이 만천하에 명백히 드러날 것이다."

84

선을 찬양하는 게 힘들다면
차라리 입을 다물라

감옥에 갇힌 중에도 그 어떤 의회보다 감옥 안을 더 숭고하게 만들었던 소크라테스는 이렇게 외친다.

"이 무슨 악행이란 말인가? 신성한 것에 악담을 늘어놓고 미덕을 모욕하다니, 이는 신과 인간에 대해 전쟁을 선포하는 것과 다를 바 없다. 선한 것을 찬양하라. 그게 힘들다면 차라리 입을 다물라. 마음껏 중상모략을 하고 싶다면 차라리 다른 자를 헐뜯으라. 만약 그 분노가 하늘을 향하는 것이라면, 그건 명백한 신성모독이지만 아무 말 하지 않겠다. 여러분은 그저 시간을 낭비하고 있을 뿐이다."

85

그들이 나를 공격해
내 명성이 더욱 빛나다

과거 아리스토파네스*는 나를 재담의 먹이로 사용했고, 희극
극단 전체가 나를 향해 독기 어린 조롱을 늘어놓았다. 하지만
그들이 나의 미덕을 공격한 덕분에 내 명성은 더욱 빛나게 되
었다. 군중들 앞에 끌려 나와서 공개적인 시험을 치렀고, 나의
미덕에 도전장을 내밀고 그 위력을 느껴본 자들까지 오히려 그
가치를 깨닫게 되었기 때문이다. 부싯돌을 쳐본 사람만이 부싯
돌이 얼마나 단단한지 잘 아는 것처럼 말이다.

● 그리스 희극 작가로 신식 철학, 소피스트, 신식 교육, 전쟁과 데마고그(선동 정치자) 등을 비난하고 풍
자했다.

86

타인의 악함을 평가할
시간적 여유가 있는가?

　나는 얕은 바닷물 사이에 외딴 바위처럼 서 있다. 오랜 세월 끝없이 파도가 몰아쳐도 끝까지 버티고 있는 바위처럼. 누구든 강한 파도처럼 내 몸을 공격해보아라. 끝까지 견뎌내어 마침내 이겨내고 말리라. 굳건하고 강한 것에 제 몸을 던지는 자는 스스로의 힘만 소진할 뿐이다. 그러니 사악한 무리들이여, 화살이 꽂힐 만큼 물렁하고 부드러운 목표물을 찾아보아라.

　그런데도 타인의 악함을 뜯어보고 이를 평가할 만한 시간적 여유가 있단 말인가?

　"왜 저 철학가는 넓은 저택을 가지고 있는가? 왜 저 사람은 상다리가 휘어질 정도로 잘 차려 먹는가?"

　자기 얼굴에 있는 커다란 땀구멍은 보지 못하면서 남의 얼굴에 있는 뽀루지는 눈에 잘 띄는가? 이는 온몸에 흉측한 곰보 자국이 난 사람이 아름다운 육체에 있는 작은 주근깨와 사마귀를 보고 비아냥거리는 것과 다를 바 없다.

차라리 플라톤이 돈을 밝혔다고, 아리스토텔레스가 뒷돈을 받아 챙겼다고, 데모크리토스는 돈을 무시하고 에피쿠로스가 재산을 탕진했다고 욕을 하라! 내가 알키비아데스*와 파이드로스와 어울린다고 욕하라. 이제 나의 악덕을 그대로 따라 하면서 여러분은 가장 큰 행복을 누릴 수 있을 테니까.

---

* 아테네의 정치가이자 군인이었다. 정치·군사적 재능과 준수한 외모를 타고났으나, 절개와 지조가 없고 사리(私利)에 치우쳐 펠로폰네소스전쟁에서 아테네를 패배로 이끄는 원인을 제공했다.

87

왜 자신의 악덕은
살피지 못하는가?

왜 자신의 악덕은 살피지 못하는가? 사방에서 그대를 찌르고 안과 밖에서 날뛰고 불타는 악덕들이 셀 수 없이 많거늘. 비록 본인의 상황을 충분히 인지하지 못하더라도 인간사란 나보다 나은 사람을 두고 사악하게 혀를 놀릴 수 있을 만큼 여유로운 시간을 남겨두지 않는다.

88

남의 악덕에 관심을 가지면
당신의 영혼이 위험하다

그럼에도 불구하고 여러분은 아무것도 이해하지 못하고 자기 분수도 모르며 뚱한 표정을 짓고 있다. 자기 집에서 곡소리가 들리고 끔찍한 일이 있는지도 모른 채 한가롭게 서커스나 구경하고 앉아 있는 저 수많은 사람들처럼. 하지만 나는 높은 곳에서 잠시 후에 어떤 먹구름이 몰려와 폭우를 쏟아부으며, 당신과 당신이 가진 재산을 위협할 것인지 내려다보고 있다.

더 자세히 이야기해주기를 바라는가? 아직도 제대로 느끼지 못하겠지만 당신의 영혼은 허리케인에 휩쓸려 이리저리 휘몰아치고 있다. 똑같은 위험을 피했다가 다시 돌진하다가 어느 순간 높은 하늘까지 올라갔다가 다음 순간에는 저만치 심연 속으로 내팽개쳐지고 있는 것이다.

누구든 강한 파도처럼 내 몸을 공격해보아라.

끝까지 견뎌내어 마침내 이겨내고 말리라.

치솟는 화에 맞서 내 영혼을 지키는 법

세네카의 화 다스리기

루키우스 안나이우스 세네카 지음 | 강현규 엮음 | 정윤희 옮김 | 값 12,000원

세네카의 책이 쓰인 지 2천 년이 넘는 세월이 흘렀지만 현대인들은 여전히 자신의 화를 통제하지 못하고 많은 문제에 휩싸인 채 살아간다. 세네카는 이 책을 통해 인간에게 화가 왜 불필요한지, 화라는 감정의 실체는 무엇인지, 화의 지배에서 벗어나 화를 통제하고 다스리는 법은 무엇인지를 다양한 예화를 곁들이며 이야기한다. 별것 아닌 일에 쉽게 욱하고, 돌아서면 후회할 일에 쉽게 화를 내는 사람들에게 이 책을 권한다.

리더십과 인간의 진실은 무엇인가

마키아벨리의 군주론

니콜로 마키아벨리 지음 | 김경준 해제 | 서정태 옮김 | 값 12,000원

누구나 잘 알지만 읽지 못했거나 혹은 오해와 편견으로만 대했던 불멸의 고전인 『군주론』이 리더십의 정수를 꿰뚫는 인문서로 다시 태어났다. 완독과 의미 파악이 쉽지 않았던 원문을 5개의 테마로 나누어 새롭게 재편집했으며, 마키아벨리의 추종자임을 자처하는 딜로이트 컨설팅 김경준 대표가 해제를 더했다. 이 책은 인간이 살아가는 현실에 대한 귀중한 통찰력의 원천이 될 것이다.

인생을 어떻게 살아야 할 것인가

에픽테토스의 인생을 바라보는 지혜

에픽테토스 지음 | 강현규 엮음 | 키와 블란츠 옮김 | 값 12,000원

내면의 자유를 추구했던 에픽테토스의 철학과 통찰이 담겼다. 현실에 적용 가능한 구체적이고 실천적인 에픽테토스의 철학을 내면에 습득해 필요한 상황이 올 때마다 반사작용처럼 적용할 수 있다면, 그 어떤 역경과 어려움 앞에서도 굴하지 않고 꿋꿋하게 살아남아 최후의 승리자가 될 수 있을 것이다. 현실에 좌절하고 힘들어하는 모든 현대인들에게 에픽테토스의 철학이 담긴 이 책을 권한다.

인간에 대한 위대한 통찰

몽테뉴의 수상록

몽테뉴 지음 | 정영훈 엮음 | 안해린 옮김 | 값 12,000원

가볍지도 과하지도 않은 무게감으로 몽테뉴는 세상사의 다양한 주제들에 대해 본인의 견해를 자신 있고 담담하게 풀어낸다. 이 책을 읽으며 나의 판단이 바른지, 내가 지금 제대로 살고 있는지, 앞으로 어떻게 살아야 하는지 등을 수없이 자문해보자. 원초적인 동시에 삶의 골자가 되는 사유를 함으로써 의식을 환기하고 스스로를 성찰하며 인생의 전반에 대해 배우는 계기가 될 것이다.

불편한 말투에 센스 있게 대처하는 대화법 49가지
말 때문에 상처받지 마라
강지연 지음 | 값 15,000원

이른바 꼰대들의 공격적인 말에 대응해 내 감정을 모두 표현하고 살면 사회생활이 100% 꼬일 수밖에 없다. 심리학 기반의 스피치커뮤니케이션 전문가이자 심리 박사인 저자는 불편한 사람들과 대차게 맞서 싸우지도 말고, 지혜롭고 센스 있게 공존할 것을 당부한다. 이 책을 통해 하고 싶은 말을 정중하면서도 요령 있게 말하는 기술을 익힌다면 그 어떤 공격적인 말에도 상처받지 않고 나를 지킬 수 있을 것이다.

주변에 사람이 모여드는 말 습관
이쁘게 말하는 당신이 좋다
임영주 지음 | 값 15,000원

말의 원래 모습을 잘 살려 따뜻한 삶을 살고 싶은, 이쁘게 잘 말하고 싶은 사람들을 위한 공감의 책이다. 특히 주변 사람들로부터 "말 좀 제발 이쁘게 하지?"라는 말을 한 번이라도 들어본 적이 있다면 이 책을 꼭 읽을 것을 권한다. 한 번뿐인 소중한 인생, 우리 모두 '성질'과 '성격'대로 마구 말하는 것이 아니라 '인격'으로 다듬어 말하는 사람, 즉 이쁘게 말하는 사람이 되어보자.

관계의 99%는 감정을 알고 표현하는 것
나도 내 감정과 친해지고 싶다
황선미 지음 | 값 15,000원

감정에 휘둘리지 않고 내 감정과 친구가 되고 싶은, 그래서 행복하게 살고 싶은 사람들을 위한 인생지침서다. 상담학 박사인 저자는 감정에 대해 제대로 알고 친해지는 법을 소개한다. 이 책은 인간이 가진 다양한 감정 중에서도 일상적이며 부정적인 감정들에 대해 이야기하며 부정적인 감정에 휩쓸리지 않고 감정을 잘 받아들이는 것이 핵심이라고 말한다. 이 책을 통해 자신의 감정을 제대로 알고 표현하는 법을 익혀보자.

서로의 마음속에 온기가 스며들다
사람과 사람 사이의 따뜻함이 그립다
이현주·노주선 지음 | 값 15,000원

인간관계로 힘들어하는 사람들을 위해 관계로부터 자유로워지는 심리학을 담았다. 직장 내 상하 관계거나 동료 관계 혹은 사적인 관계 모두에서 서로를 향해 통로가 열려 있다고 믿는다면, 갈등 상황에 놓이더라도 해결의 실마리는 함께 찾아나갈 수 있다. 우호적인 관계를 형성하기 위해서는 상대를 아는 것이 첫 걸음이다. 사람들과 제대로 소통하기 위한 심리학의 핵심 노하우들이 이 책에 모두 담겨져 있다.

읽고 또 읽어야 할 불멸의 고전

논어

권경자 역해 | 값 17,000원

『논어』 498장을 완역한 이 책은 특히 논어를 처음 접하는 입문자들에게 유용하다. 각 장마다 역해자의 친절한 강(講)이 달려 있어 어렵게만 느껴지던 『논어』 독해가 쉬워진다. 권경자 교수가 역해한 이 책은 친절한 『논어』 읽기 지도'다. 원문을 최대한 현대어에 가깝게 직역한 후 단어를 풀이하고, 이해를 돕기 위해 강을 붙이는 등 이 책만으로도 『논어』라는 산을 등반하기에 어려움이 없길 바라는 역해자의 바람을 담았다.

자기 자신을 있는 그대로 받아들이는 법

지금 있는 그대로의 너여도 괜찮아

정은임 지음 | 값 15,000원

현대 사회는 빠르게 변화한다. 이 속도에 발맞춰 바쁘게 살다보면 자신의 감정과 마음을 놓치기 쉽다. 빠른 속도 속에서 여유를 갖고 마음을 되돌아보기 힘들기 때문이다. 이러한 환경 속에서 자신이 괜찮지 않다고 느끼는 것은 지극히 자연스럽다. 이 책에서 저자는 친절한 방식으로 자신의 마음을 다스리는 방법을 알려준다. 또한 삶의 변화를 바라는 사람들에게 변화를 위한 단계적인 방법을 친절하고 자세하게 알려준다.

관계, 사랑, 운명을 바꾸는 감사의 힘

그저 감사했을 뿐인데

김경미 지음 | 값 15,000원

저자는 긍정심리학을 오래 연구한 학자로서 일상을 통한 감사함의 실천이 행복에 이르는 길이라는 이야기를 이 책에 담았다. 감사의 눈으로 자신과 세상을 바라보면 '가짜 행복'이 아닌 '진짜 행복'을 찾을 수 있으며, 행복은 멀리 있는 것이 아니라 우리 주변에 있다는 평범하지만 위대한 삶의 진리도 깨닫게 된다. 이 책을 통해 너무나도 잘 알고 있었던 '감사'의 효과를 실생활에서 누려보자.

나는 때론 혼자이고 싶다

혼자 있는 시간이 가르쳐주는 것들

허균 지음 | 정영훈 엮음 | 박승원 옮김 | 값 14,000원

중국의 여러 책에서 은둔과 한적에 관한 내용을 모아 담은 허균의 『한정록』을 현대적 감각에 맞게 재편집한 책이다. 이 책을 읽으며 '나 자신'을 돌아보고 성장할 수 있는 시간을 가져보자. 수많은 이야기를 통해 혼자 보내는 시간이 얼마나 뜻깊고 즐거운지 느낄 수 있을 것이다. 혼자 보내는 시간의 즐거움이란 외따로 살아가는 즐거움이 아니라 온전한 나로 깨어 있는 삶의 즐거움임을 이 책을 통해 깨닫기를 바란다.

나는 걱정 없이 둔감하게 살기로 했다

걱정 내려놓기

강용 지음 | 값 15,000원

걱정이 많은 사람들을 위한 심리처방서다. 심리상담 전문가인 저자는 걱정을 하는 것이 꼭 나쁜 일만은 아니지만 지나친 걱정은 개선해야 한다고 말한다. 자신의 문제만 바라보면 걱정과 불안이 커지지만 자기 자신 문제의 원인을 찾고 변화를 향해 나아가면 걱정과 불안은 자신에게 긍정적인 역할을 한다. 이 책을 통해 걱정을 내려놓기로 결심하고, 상처받은 자신의 마음을 들여다보고, 걱정을 승화시켜 행복한 삶을 살아보자.

갈등에 서툴고 막막한 사람들을 위한 책

갈등을 잘 다루니 인간관계가 쉬워졌습니다

이민식 지음 | 값 16,000원

이 책은 갈등에 취약한 사람들을 위한 심리처방전이자 인간관계 지침서다. 사람과 사람 사이에는 항상 갈등이 존재하며 우리는 인간관계로 인해 웃기도, 울기도 한다. 이 때문에 갈등을 제대로 직면하는 마음가짐과 갈등을 다루는 방법은 꼭 익혀야 한다. 이 책을 통해 저자가 알려준 다양한 대응 레퍼토리를 복합적으로 사용해보자. 물론 처음에는 쉽지 않을 것이다. 그러나 누구나 연습을 통해 갈등을 잘 다룰 수 있다.

먹는 것 때문에 힘든 사람들을 위한 8가지 제안

음식이 아니라 마음이 문제였습니다

캐롤린 코스틴·그웬 그랩 지음 | 오지영 옮김 | 값 16,000원

캐롤린 코스틴은 실제로 거식증을 앓아 '살기 위해' 심리학을 공부했으며, 이를 자신에게 직접 적용해 완치한 후 미국 최고의 섭식장애 전문가가 되었다. 이 책은 먹는 것으로부터의 회복과 자유를 갈구하는 사람들에게 진정 필요한 것이 무언지 명쾌하게 알려준다. 먹는 것 때문에 고통을 겪는 사람들은 물론이고, 주변의 가족과 친구들도 이 책을 읽으며 한결 마음의 안정을 얻을 수 있을 것이다.

관계의 99퍼센트는 성격이다

성격도 수리가 됩니다

헨리 켈러만 지음 | 마도경 옮김 | 값 16,000원

감정을 억제하거나, 심하게 자신의 감정을 통제하거나, 감정 통제가 불가능하거나 의존적이거나 등 그 어떤 성격 유형이든 이 책에 나오는 모든 상황은 나 또는 내 주변 사람들이 겪고 있는 정신적인 문제다. 하지만 다행히 저명한 심리학자인 저자는 사람의 성격은 바뀔 수 있다고 말한다. 이 책을 통해 나에게 고착화된 '성격'은 어떤 것인지 파악함과 동시에 주변 사람들을 이해하는 데 도움이 될 만한 많은 정보를 얻어보자.

"성찰하지 않는 삶은 살 가치가 없다!"

소크라테스적 성찰

엄정식 지음 | 값 15,000원

철학이 삶의 무기가 되는 현실에서 소크라테스적 관점을 가져보고 그러한 방식으로 살아가도록 하는 데 목적을 둔 책이다. 서강대학교 철학과 명예교수인 저자는 이 책을 통해 소크라테스의 진면목을 소개한다. "생각하고 또 생각하라"라는 소크라테스가 전하는 가르침이 격동의 시대를 살아가는 우리들에게 어떠한 의미로 다가올 것인지를 음미해본다. 시대의 구분과 상관없이 소크라테스의 철학으로 내 삶의 무기를 만들어보자.

삶의 근본을 다지는 인생 수업

해주고 싶은 말

세네카 외 5인 지음 | 강현규 엮음 | 값 14,000원

이 책은 인생, 행복, 화, 시련, 고난, 쾌락, 우정, 노년, 죽음 등 우리 인간의 삶에 대한 통찰을 담고 있다. 세네카의 『화 다스리기』 『인생론』 『행복론』, 아우렐리우스의 『명상록』, 에픽테토스의 『인생을 바라보는 지혜』, 키케로의 『노년에 대하여』 『우정에 대하여』, 톨스토이의 『어떻게 살 것인가』, 몽테뉴의 『수상록』 등 9권의 위대한 인문 고전에서 정수만을 뽑아내 재편집한 결과물이다.

내 안의 자존감이 행복을 결정한다

자존감, 어떻게 회복할 것인가

선안남 지음 | 값 15,000원

글쓰는 상담사로 알려진 저자 선안남은 우리가 상처받기 쉬운 마음의 취약성이 있는 존재인 동시에 모든 상처를 극복할 수 있는 회복력이 있는 존재라는 것을 깨닫고, 자존감이 우리 마음의 취약성과 회복력에 핵심적인 역할을 하는 데 중점적인 역할을 해주기 위해 이 책을 썼다. 이 책을 통해 나를 소중히 여기는 마음의 중심을 잡고, 어떤 조건과 기준의 잣대를 들이대지 않고 있는 그대로의 나를 진심으로 사랑할 수 있을 것이다.

당신의 마음속에 온기가 스며들다

심리학의 온기

조영은 지음 | 값 15,000원

버거운 하루를 보내고 있을 당신을 위로하기 위한 심리학 대중서가 나왔다. 이 책은 삶이 나를 너무 힘들게 할 때 이를 이겨낼 수 있도록 실생활에서의 문제들을 쉽고 재미있게 심리학의 개념부터 치유방법까지 설명하고 있다. 또한 저자는 심리학에 대한 지식이 없는 독자도 쉽게 이해할 수 있도록 풀어냈다. 지치고 힘들 때 잠깐의 쉼표가 필요하다면 이 책을 펼쳐보자.

받아들임이 가르쳐주는 것들

받아들이면 알게 되는 것들

황선미 지음 | 값 13,000원

이 책은 '지금-여기'가 만족스럽지 않은 사람들을 위해 '받아들임'을 소개한다. 평범한 사람들의 평범한 받아들임을 말하기 때문에 받아들임이 무엇인지, 받아들임이 어떻게 우리의 삶을 변화시킬 수 있는지, 어떻게 받아들여야 하는지 등을 공감하며 쉽게 이해할 수 있다. 또한 본문 중간에 체크리스트, 생각해볼 문제, 직접 써볼 수 있는 공간 등을 마련해 독자 스스로 진정한 받아들임의 방법을 배우고 생각해볼 수 있게 했다.

명화와 함께 떠나는 마음 여행

나를 행복하게 하는 그림

이소영 지음 | 값 16,000원

명화와 조금 '더' 친해지기 위한 안내서다. 미술 교육자이자 미술 에세이스트인 저자가 힘들고 지칠 때 큰 위로와 용기를 주었던 그림들을 모아 엮은 책으로, 화가 혹은 명화에 얽힌 역사적 이야기와 개인적인 이야기를 함께 풀어냈다. 명화를 본다는 것은 결국 화가를 만나고, 사람을 만나고, 나의 내면과 만나는 일이다. 이 책을 통해 그리고 명화를 통해 나를 찾고, 사회를 배우고, 관계를 이해하고, 위로를 받기 바란다.

나르시시즘을 극복하는 심리 치유법

나를 행복하게 하는 자기사랑의 기술

이계정 지음 | 값 15,000원

나를 행복하게 만드는 자기사랑의 기술을 알려주는 책이 나왔다. 이 책은 나르시시즘을 제대로 이해하기 위해 개념부터 치유 방법까지 다룬 심리 치유서다. 다양하고 풍부한 상담사례, 자칫 어렵게 다가올 수 있는 내용을 우리에게 익숙한 영화, 책, 음악을 통해 설명한다. 이 책을 통해 왜곡된 자기사랑으로 인해 고통받고 상처받는 삶에서 진정한 행복을 찾게 되는 자기사랑의 기술을 배워보자!

정신과전문의가 들려주는 마음의 비밀

나는 내 마음과 만나기로 했다

김정수 지음 | 값 15,000원

이 책은 자신의 마음을 완전히 알지 못하는 사람들을 위해 '마음'과 '뇌'의 관계를 쉽게 풀어낸 심리치료서다. 이론과 함께 다양한 심리치료 사례를 적절히 소개해 어려운 내용도 쉽게 이해할 수 있다. 또한 여러 관점으로 인간의 '마음'과 '뇌'를 다루었기 때문에, 정신과의사·심리학자·상담심리사와 같은 전문가 그룹뿐만 아니라 인간의 마음과 정신에 대해 깊이 이해하고자 하는 사람들에게도 큰 도움이 될 것이다.

■ **독자 여러분의 소중한 원고를 기다립니다**

메이트북스는 독자 여러분의 소중한 원고를 기다리고 있습니다. 집필을 끝냈거나 집필중인 원고가 있으신 분은 khg0109@hanmail.net으로 원고의 간단한 기획의도와 개요, 연락처 등과 함께 보내주시면 최대한 빨리 검토한 후에 연락드리겠습니다. 머뭇거리지 마시고 언제라도 메이트북스의 문을 두드리시면 반갑게 맞이하겠습니다.

■ **메이트북스 SNS는 보물창고입니다**

메이트북스 홈페이지 www.matebooks.co.kr

책에 대한 칼럼 및 신간정보, 베스트셀러 및 스테디셀러 정보뿐만 아니라 저자의 인터뷰 및 책 소개 동영상을 보실 수 있습니다.

메이트북스 유튜브 bit.ly/2qXrcUb

활발하게 업로드되는 저자의 인터뷰, 책 소개 동영상을 통해 책에서는 접할 수 없었던 입체적인 정보들을 경험하실 수 있습니다.

메이트북스 블로그 blog.naver.com/1n1media

1분 전문가 칼럼, 화제의 책, 화제의 동영상 등 독자 여러분을 위해 다양한 콘텐츠를 매일 올리고 있습니다.

메이트북스 네이버 포스트 post.naver.com/1n1media

도서 내용을 재구성해 만든 블로그형, 카드뉴스형 포스트를 통해 유익하고 통찰력 있는 정보들을 경험하실 수 있습니다.

메이트북스 인스타그램 instagram.com/matebooks2

신간정보와 책 내용을 재구성한 카드뉴스, 동영상이 가득합니다. 각종 도서 이벤트들을 진행하니 많은 참여 바랍니다.

메이트북스 페이스북 facebook.com/matebooks

신간정보와 책 내용을 재구성한 카드뉴스, 동영상이 가득합니다. 팔로우를 하시면 편하게 글들을 받으실 수 있습니다.

STEP 1. 네이버 검색창 옆의 카메라 모양 아이콘을 누르세요.   STEP 2. 스마트렌즈를 통해 각 QR코드를 스캔하시면 됩니다. STEP 3. 팝업창을 누르시면 메이트북스의 SNS가 나옵니다.

——————————— 님의 소중한 미래를 위해

이 책을 드립니다.